Mehr Hirn!

Mehr Hirn!

Weitere schwäbische Geschichten
von Gerhard Raff

Deutsche Verlags-Anstalt
Stuttgart

Abbildungen

Loriot: 11 ff., 58, 84 ff., 123.
Archiv Raff: 27, 34, 47, 62, 76, 99, 107,
111 (Photo: G. Bubeck).
Stuttgarter Zeitung: 30, 53, 115 (F. Meinhard/J. Eberle).
Württembergische Landesbibliothek: 17, 81.
Archiv Lindenberg: 119 (O. Kreibich).

Die Deutsche Bibliothek - CIP-Einheitsaufnahme
Raff, Gerhard:
Mehr Hirn!:
Weitere schwäbische Geschichten von Gerhard Raff.–
2. Aufl. – Stuttgart : Dt. Verl.-Anst., 1996
ISBN 3-421-05016-3

Lektorat: Dieter Luippold
Typographische Gestaltung: Michael Grätzbach
Satz: Fotosatz Dorner, Aichwald
Druck und Bindearbeit: Clausen & Bosse
Printed in Germany
ISBN 3-421-05016-3

Dem Andenken meiner Mutter
Anna Raff (1911–1989),
die mir eine schöne Kindheit
und Jugend geschenkt hat.

Inhalt

Vorwort

»Ach wiederum ein Jahr(zehnt) verschwunden, ein Jahr(zehnt), und kommt nicht mehr zurück, und mehr als acht(zig) mal tausend Stunden sind weg als wie ein Augenblick!« (Johann Kaspar Lavater)
Und was hat uns dieses Jahrzehnt seit dem Erscheinen von »Hirn I« an Freuden und Schrecken nicht alles gebracht: Weltreiche sind zerbrochen wie Porzellan am Polterabend, Ideologien zerbröselt wie Sandstein im sauren Regen, Tyrannen, die sich doch »das große Weltgewichte« wähnten, zu einem Häufle Asche zusammengefallen, Diktatoren vermodert wie madiges Fleisch. Und dann kamen noch Tschernobyl und Aids, der Dudelfunk und das Doofelesfernsehen, der Tennis- und der Rinderwahn, die Bedrohung durch Sekten und Fundamentalisten, Ozon- und andere Löcher.

Nur in unserem Ländle ging alles seinen gewohnten Gang: Die Schaffer schafften, die Raffer rafften, die Räuber raubten, die Bscheisser beschissen, die Wucherer wucherten, die Bachel betonierten und asphaltierten die Felder und Wiesen, die Ellenbogen druckten sich überall nach vorne, die Discohirnle schrumpfelten noch weiter, die Konsumidioten wurden immer idiotischer, die Schreier immer lauter, die Stillen im Lande immer stiller, die Reichen immer reicher, die Dummen immer dümmer und mehr, die Korrupten immer korrupter, und die Kirchen wurden immer leerer und die Zuchthäuser immer voller.

Und ein bißle wundert's einen schon, daß der liebe Gott seine Sonderanfertigung, dieses treulose Schwabenländle, nicht schon längst mit Hilfe der neuzeitlichen Nukleartechnologie in die verpestete Luft gejagt hat.

Wir wollen nicht vermessen sein, aber möglicherweise hat ihn der seit 1985 millionenfach ergangene Ruf »Herr, schmeiß Hirn ra!« vorläufig noch von Sanktionen à la Sintflut oder Sodom abgehalten.

Das nach diesem frommen Wunsch benannte Druckerzeugnis, das ein einziger Hilfeschrei und Schienbeinstoß gegen die heimische Beton- und Asphaltmafia, gegen die Räuber und Tagediebe, die unser Ländle verschandeln und zerstören, gewesen ist, darf mittlerweile bei ungebrochener Nachfrage als das weltweit meistgelesene Dialektbuch der Gegenwart angesehen werden.

Dafür bedankt sich der Verfasser mit einem tiefen Knicks bei seiner Leserschaft, die sich geographisch

vom Buckinghampalast bis zur Missionsstation in Bangladesch erstreckt und intellektuell von wenigstens drei Nobelpreisträgern an abwärts zu jenen schlichteren Gemütern reicht, für die der Erwerb des »Hirns« die Erstanschaffung eines Buches bedeutete.

Stellvertretend für alle hohe Wertschätzung durch Rezensent(inn)en im gesamten Gebiet der alten Bundesländer sei hier an Professor Josef Eberle alias Sebastian Blau (1901–1986) erinnert, der als klassischer Dichter lateinischer und schwäbischer Zunge keine andern Götter neben sich dulden konnte und die Arbeiten der neueren Dialektdichtung grundsätzlich mit dem Wörtchen »Schafscheiß« bedachte. Ans Telefon geholt mit dem Hinweis auf den Namen des Anrufers, erwartete ich eine übliche Schimpfkanonade wegen falscher Interpunktion oder gar Genitive. Statt dessen erfolgte eine viertelstündige Lobeshymne, an deren Ende ich den Gesprächspartner bat: »Also Herr Professer, des müeßet Se mr scho schriftlich gebe, des glaubt mir amol koi Sau.« Er tat dies mit einer frei Haus gelieferten Widmung in seinem letzten Buch »Auf der Schiffschaukel«: »Für Gerhard Raff mit herzlichem Dank für sein entzückendes Gegenstück in Prosa zu meinen schwäbischen Gedichten. Sebastian Blau« Der aus Preußen reigschmeckte Chefredakteur der »Stuttgarter Zeitung« meinte angesichts dieser Inschrift, unter der Voraussetzung, daß diese tatsächlich von Eberle und nicht etwa von Konrad Kujau stamme, handele es sich hierbei um einen halben Pulitzerpreis . . .

Einen besonderen Dank auch der damaligen Jury des Thaddäus-Troll-Preises. Einige Mitbürger, die der Laudatio Hansmartin Decker-Hauffs im Wilhelmspalais beiwohnten, bezeichneten diese Veranstaltung als Sternstunde. Sie hat den Stuttgarter Stadtchronikschreiber des Jahres 1985 anscheinend so sehr beeindruckt, daß er dieses Ereignis sogar zweimal stattfinden läßt.

Herzlichen Dank auch für die Verleihung des Ordens eines »Ritters vom Krummen Balken« zwei Jahre vor dem bislang letzten Ritter Dr. h.c. Manfred Rommel, welcher bekanntlich den Buchtitel in einem Leserbrief (StZ v. 2. 2. 1982) dem Autor geradezu aufgezwungen hat.

Mit dem Titel des neuen Buches wollen wir an die letzten Worte des in volkstümlichen Kreisen noch hie und da zitierten Dichters Johann Wolfgang von Goethe anknüpfen.

Das Gemälde auf dem Schutzumschlag stammt aus dem von Piero della Francesca zwischen 1452 und 1466 für die Kirche San Francesco in Arezzo geschaffenen Freskenzyklus, »dem vielleicht bedeutendsten Werk des italienischen 15. Jahrhunderts« (Flaminio Gualdoni).

»Dem vielleicht bedeutendsten Denker des deutschen 20. Jahrhunderts«, Bernhard-Victor von Bülow alias Loriot, verdanken wir freundlicherweise die herausragenden Illustrationen dieses Buches.

Der Lichtgestalt unter vielen Finsterlingen, unserem Landsmann Dr. Richard Freiherr von Weizsäcker (dem es 1966 unbegreiflicherweise nicht vergönnt wurde, Ministerpräsident unseres Ländles zu werden), danken wir herzlich für die kollegiale Erlaubnis zum Abdruck seines bisher unveröffentlichten poetischen Spätwerkes.

In Zeiten, in denen die Schwaben (immerhin der intelligenteste, der liebenswürdigste und zugleich bescheidenste unter den Stämmen Germaniens) in den Medien hauptsächlich als hirnarme Halbdackel und/oder Kotzbrocken vorgeführt werden (dürfen?) und die Muttersprache der zwei Alberts (Magnus & Einstein) und drei Friederiche (Barbarossa, Schiller & Hölderlin) an manchen Schulen als vermeintlicher Proletenslang ausgerottet wird, hegen wir die stille Hoffnung, ein Buch vorzulegen, über das sich die Dummen und Habgierigen ärgern, mit dem wir aber den gscheiten und guten Leuten eine Freude bereiten. Für was sonst sind wir denn auf der Welt?

Degerloch, den 21. Juli 1995,
am 500. Jahrestag des Herzogtums Württemberg
Gerhard Raff

Und nun – frei nach Theodor Heuss –
lest mal schön.

Wo kommet denn die ganze Gscheitle her?

Degerlochs ältestes Schulhaus bei der Michaelskirche wurde dieser Tage in Abwesenheit führender Vertreter des Kultusministeriums und der Denkmalschutzbehörde abgerissen. Anlaß genug, jener hohen Stätte zu gedenken, die zu Recht als Keimzelle der legendären, weit über die Filderebene hinaus gerühmten Degerlocher Gscheitheit angesehen werden darf.

Agfange hat älles mit dem guete alte Herzog Christoph. Des isch a feiner Kerle gwä ond a Oberer, wie's en bloß äll Jubeljahr amol gibt. Ond hat glebt vo 1515 bis 1568. Zehndausend dappet Dag für Dag an seim Denkmal am Schloßplatz vorbei, ond koiner denkt dra, daß des der Herzog gwä isch, wo zom Segen des Schwabenlandes ond des Abendlandes als ällererster vo dr ganze Welt en seim Ländle d'Volksschuel eigführt hat.

Ond darom hat en Wirteberg dr letzte Bauer em

henterste Gäu mitsamt seim Weib scho lese ond schreibe könne, wo se en Berlin no d'Banane uff de Bäum gvespert ond en München Büecher bloß als Muckebatscher verwendet hend. Denn em Gegesatz zu dene viele Fürste, wo gmoint hend, je bleeder mir onsere Ontertane haltet, desto leichter lasset die sich regiere, hat dr Christoph gwißt, daß mr

bloß mit gscheite Leut en Staat mache ka, ond dr oizige Reichtum en dem arme Wirteberg isch halt amol der Rohstoff Grips.

Ond drom wird en Degerloch seit 1558 (zur vermischten Freude der örtlichen Dorfjugend) Schuel ghalte. Zerstamol hat's dr Pfarrer gmacht, bei sich drhoim en dr Stub. Aber wie der Ma alt worde isch ond nemme so könne hat, wien'r hätt wölle, hat'r sich en Nachfolger gsuecht onter seine Schuelerbuebe, ond den hat d'Gmeind zom Schuelmoister bstellt. Mr hat'm aber bloß en Hongerloh zahle könne, so daß'r nebeher no a Landwirtschaft hat omtreibe müeße. Adam Kieß hat'r ghoiße ond isch an armer Ma gwä, sei erste ond sei zwoite Frau ond älle seine Kender send'm an dr Pest weggstorbe.

Selbichsmol isch grad wieder amol Krieg gwä, ond des au no dreißg Jahr lang, weil a paar so händelsüchtige Hurgler obedra net gnueg kriegt hend. Oh wenn's no älle so gmacht hättet wie die Degerlocher: Die hend zu dere Zeit ihr Schuelhaus baut, wo de andre älle anander d'Häuser azonde hend, ond sie hend ebbes für ihr Hirn do, solang de andre sich gegeseitig druffgschlage hend.

Koine hondert Jahr später isch des Schuelhaus scho z'klei gwä, d'Gmeinde hat's verkauft an en Baure ond a graißers baut, a Stückle weiter na de Buckel. Ond en dere Stub, wo früher d'Kender 's Einmaleins, 's Alphabet ond 's Bete, 's Lese ond 's

Schreibe glernt kriegt hend, hat mr jetz gmostet ond gwäsche ond drosche ond 's Kraut eigschnitte ond Hase ghalte ond Holz gspaltet. Oineweg hat mr des Haus emmer no ond bis jetz »de alt Schuel« ghoiße, ond die alte Leut hend anander älleweil no verzählt, wie arg 's da früher zuegange sei.

S häb ja gwieß auch rechte Lehrer ghet, aber dronternei häb's au arge Sauklobe gebe, wo mit'm Rohrstock besser omgange seiet wie mit de Kender. Oiner, dr »Satan«, der häb's so arg triebe mit de Priegel, bis daß'r selber amol oine verwischt häb mit dr Mistgabel. Drnach häb'r no bloß no an de Aohreläpple zoge.

Manche Tatz ond Hosespannes häb aber au de Richtige verwischt: die Lausbuebe, wo em Herr Lehrer sein Stuehl mit Gaasdreck ond sei Türeschnall mit Karresalb agschmiert ond en dr Frau Lehrer ihre Nachthemmeder am Wäschsoil heeniche Mäus oder Roßbolle neigsteckt hend.

Später no häbet die Kerle Herzle neigritzt en ihr Schuelbank, ond se häbet hehlinge emmer nüberguckt zu ihre Schätzle ond seiet fuierraot worde, wenn die zrückguckt häbet. Ond wie se no endlich mit dr Schuel fertig gwä send, häbet se's oft kaum verwarte könne, bis se mit ihrem Mariele, Gretle, Kätherle, Rickele ond ihre Äckerle, Wiesle ond Wengertle gheirat gwä seiet. Ond se häbet glei drfür gsorgt, daß em Lehrer 's Gschäft net ausgange sei.

Domme ond Saudomme, Gscheitle ond Obergscheitle send durch die Degerlocher Schuel gange, manche send erst mit vierzig, andre gar net gscheit worde – sogar en Degerloch. Ond doch hend se's em Lebe älle gleich weit bracht: Visàvis vo dr alte Schuel isch dr alte Kirchhof. Da hend sich älle wieder troffe. Ond schlafet, wie früher en dr Schuel, mitnander ihrem Zeugnis entgege. *(1973)*

Kulturdarwinismus

Was unterscheidet den Menschen vom Affen?
Das Abonnement einer Tageszeitung.

Kulturoptimismus

Was unterscheidet den Affen vom Menschen?
Die Satellitenschüssel.

Königstraße künftig Filbinger Weg

Am 21. Februar 1978 veröffentlichte der unvergessene Kollege Michael Spohn (†1985) in den »Stuttgarter Nachrichten« das von mir zum Gedenken an die von Dr. Hans Filbinger aus dem Kabinett geworfenen Parteifreunde Prof. D. Wilhelm Hahn (Kultusminister) und Karl Schiess (Innenminister) verfaßte nachstehende Gedicht:

Kabineztück

filbinger schiess hahn
filbinger schiess schiess
filbinger schiess filbinger

Am 22. Februar 1978 veröffentlichte Rolf Hochhuth in der »Zeit« einen Bericht über die Tätigkeit des Dr. Filbinger als Marinerichter vor und nach dem Kriegsende.

Am 30. August 1978 trat Lothar Späth aufgrund obigen Gedichts die Nachfolge als »President of the Späthzlesrepublic of Baden-Wurtemberg and High Teck« an.

Dieser hinwiederum hat am 13. Januar 1991,
»zu Euch, o ihr schönen Inseln Ioniens« gesegelt,
»das Land der Griechen mit der SEL suchend«,
die Segel gestrichen.

Alle Parteien einig

Nachdem die Landesregierung bereits in der vergangenen Woche dem wegen Gedächtnisschwund zurückgetretenen Altministerpräsidenten Filbinger den Professorentitel verliehen hat, beschloß die Vollversammlung des Stuttgarter Gemeinderats in ihrer gestrigen Sitzung auf Antrag von Oberbürgermeister Rommel einstimmig die Umbenennung der Stuttgarter Fußgängerzone »Königstraße« in »Filbinger Weg«.

In der dem Beschluß vorausgegangenen Aussprache begrüßte der Sprecher der CDU-Fraktion namens aller fortschrittlichen Kräfte den Antrag in doppelter Hinsicht. Einerseits verschwinde mit der alten Straßenbezeichnung ein längst überfälliges Relikt aus den finsteren Tagen der Monarchie, andererseits werde damit jener unvergeßliche Politiker und Parteifreund geehrt, der diesem Lande ein Dutzend Jahre lang mit absolutistischer Mehrheit als Ministerpräsident verdient habe.

Die F.D.P.-Fraktion begründete ihre Zustimmung

mit dem Hinweis, daß sie grundsätzlich alles, was zur Stärkung des Gedächtnisses und der Erinnerung von Prof. Dr. Hans Karl Filbinger beitrage, nach Kräften zu fördern bereit sei.

Die doch etwas überraschende Zustimmung der SPD erklärte deren Sprecher mit der Tatsache, daß die in dem neuen Straßennamen »Filbinger Weg« enthaltene Sachaussage eine echte Herzensstärkung für jeden aufrichtigen Demokraten und Schwaben bedeute. Man könne das gar nicht oft genug lesen, ohne dabei jedesmal Dankbarkeit, Rührung und Freude zu empfinden.

In ähnlichem Sinne äußerte sich auch die Vertreterin der Grünen, die die allgemeine Auffassung vertrat, wenn schon das Straßenbild nicht unbedingt als Augenweide empfunden werden könne, so werde wenigstens das neue Straßenschild Auge, Herz und Seele der Passanten erfreuen.

Nach erfolgter Abstimmung bedankte sich Oberbürgermeister Rommel in der ihm eigenen Art mit dem Bibelvers »Das Gedächtnis der Gerechten bleibet im Segen« (Sprüche 10,7) für diese interfraktionelle Ehrung seines politischen Vorbildes und Ziehvaters.

Die feierliche Enthüllung der neuen Beschilderung wird heute nachmittag um 15 Uhr am Königsbau in Gegenwart des Geehrten durch den OB persönlich vorgenommen. Mit einer starken Beteiligung der Bürgerschaft wird gerechnet, zumal zu Beginn des Festakts kostenlos »Filbinger-Gedächtnismedaillen« an die Anwesenden verteilt werden sollen.

Es handelt sich dabei um eine Schwarzprägung des Direktors der Staatlichen Münze Karlsruhe aus dem von den Landtagsstenographen während der Ära Filbinger angesammelten Prägelblech.

Einen regen Zulauf erhoffen sich die Veranstalter auch durch den Hinweis, daß unter den am Ende des Festakts noch Anwesenden ein weiterer Professorentitel des Landes Baden-Württemberg zur Verlosung kommen wird. *(1. April 1979)*

GG Art. 102

Die Todesstrafe ist abgeschafft.
Außer für Raser und Raucher.

Aus für Bopsertunnel

In einer erneuten Eilentscheidung hat Oberbürgermeister Rommel die Arbeiten zum Bau des Bopsertunnels für die Stadtbahn nach Degerloch eingestellt. Wie er in der gestrigen Gemeinderatssitzung ausführlich darlegte, sind inzwischen neue und wesentliche Erkenntnisse aufgetaucht, die einen solchen Schritt unumgänglich machten. Anlaß zu diesem doch unerwarteten Vorgehen war nach Angaben Rommels ein historisches Photo, das ihm bei der Pflichtlektüre der umstrittenen »Chronik der Stadt Stuttgart 1933–1945« ins Auge gefallen war.

Das 1940 entstandene Postkartenphoto zeigt die alte Zahnradbahnbrücke oberhalb der Waldau mit einem demnächst ausrangiert werden sollenden Zug der Zahnradradbahn und einen Dampfzug der Filderbahn.

Was das fern seiner schwäbischen Heimat aufgewachsene Stadtoberhaupt bisher nicht wissen konnte, woran sich die älteren Leser aber sicherlich noch erinnern können, verkehrten bis zur allgemeinen Kohlenrationierung im Jahre 1944 auf der Neuen Weinsteige die Dampfzüge der Filderbahn. Nach dem Krieg wurde der Betrieb auf Anordnung von OB Dr. Klett nicht wieder aufgenommen, einerseits aus Gründen des Umweltschutzes, aber auch um der zart aufblühenden Automobilindustrie eine faire Chance zu geben. Angesichts der derzeitigen Haushaltslage und im Hinblick auf die blendenden Jahresergebnisse der heimischen Kraftfahrzeughersteller, konnte OB Rommel, ohne wenigstens diesmal Rücksicht auf die Autolobby nehmen zu müssen, den genialen Gedanken wagen, die Deutsche Bundesbahn zu bitten, die unterdessen elektrifizierte Weinsteige wieder mit Zügen zu befahren. Um die defizitgeplagte Bahn zu diesem auch energiepolitisch sinnvollen Vorgehen zu bewegen, denkt Rommel an ein Fahrverbot für Automobile zwischen Bopser und Degerloch und bietet als Ersatz den Autotransport durch Autoreisezüge an.

Dank vorzüglicher Kontakte zur Partnerstadt Seldwyla ist es den Spitzen der Stadtverwaltung gelungen, die seit der Einweihung des Gotthard-Autotunnels am 5. September 1980 überflüssig gewordenen Autoverladeanlagen der Schweizerischen Bundesbahnen (SBB) am St. Gotthard preis-

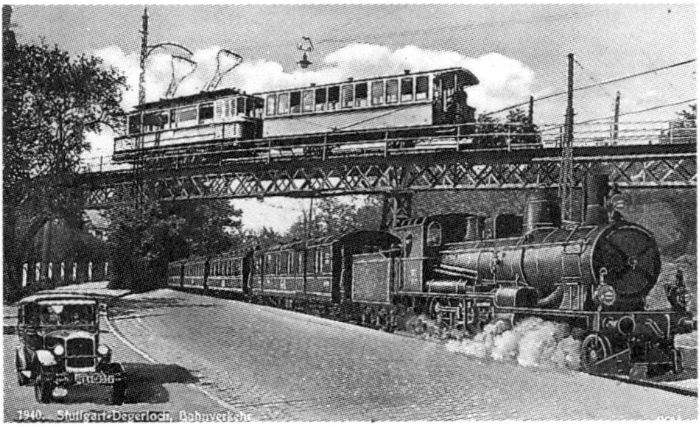

wert zu erwerben. Als Gegenleistung haben sich die SBB bereiterklärt, die von den Stuttgarter Straßenbahnen (SSB) etwas voreilig bestellten neuen Zahnradbahnwagen zu übernehmen, die von dem für die Anliegen des Denkmalschutzes jederzeit aufgeschlossenen OB mittlerweile als Ursache dafür angesehen werden, daß Mannheim und nicht Stuttgart Sitz des Technischen Landesmuseums werden soll. Denn wer so kurzsichtig auf ein rollendes Technisches Museum wie die Zahnradbahn verzichte, der habe in der Tat kein Technisches Museum nicht verdient. Mit dieser schonungslosen Selbstkritik hofft die Stadt, eine Revision des Beschlusses der Landesregierung herbeiführen zu können.

An Einzelheiten über die künftige Zugführung

konnte Rommel nur mitteilen, daß eine Verladerampe in Stuttgart am Kleinen Schloßplatz, die andere an der Stelle des Berolina-Bunkers in Degerloch errichtet werden soll. Beide Gebäude müßten dazu trotz ihrer wichtigen Funktion als Abschrekkungsarchitektur leider abgebrochen werden. Dank der freiwilligen Mithilfe der von unsagbarer Freude erfüllten Bürgerschaft kann diese Maßnahme völlig kostenneutral durchgeführt werden. Mit dieser weisen Entscheidung ist die stets als widernatürlich empfundene Tunnellösung für die Stadtbahn endgültig vom Tisch. Um den entstandenen Planungsschaden möglichst gering zu halten, und um die Bundeszuschüsse aus Bonn nicht zu verlieren, regten die der Bauindustrie verbundenen Sprecher des Gemeinderats zur Sicherung von Arbeitsplätzen den ersatzweisen Bau eines Fußgängertunnels vom Bopser bis zur Waldau an. *(1. April 1981)*

Öko-Bilanz

Die bedeutendste ökologische Leistung
der Stuttgarter Kommunalpolitik
im letzten Viertel des XX. Jahrhunderts
ist zweifelsohne die Wiederansiedlung der Ratten
auf der Königstraße

75 Jahre Babylonische Gefangenschaft

Eigentlich müeßtet heut en Degerloch älle mit dr schwarze Krawatt romlaufe ond d'Fahne uff Halbmast hange, denn genau vor 75 Jahr, am 1.August 1908, isch dui Gemeinde Degerloch a. d. Fildern vo Stuegert verschluckt ond eigmeindet worde. Ond der Sender Degerloch sott heut de ganze Dag Trauermusik brenge, beispielsweis des Largo vom Händel aus'm »Xerxes«. Denn so wie die Perser seinerzeit gege des freie Griechenland losmarschiert send, so send die Stuegerter uff des freie Degerloch nei, wie wenn's ebbes omsonst gebe dät, ond heut behauptet se en ihrer Overschämtheit no, des häbet mir ja so wölle.

Drbei hat sich der ganze Degerlocher Uradel, die Gohl, Harm, Raff, Neef, Frech, Kies, Böhm, Hohl, Heimsch, Straif, Wais, Kaiser, Maier, Hiller, Heinrich, Gauder, Lutscher ond wie se älle hoißet, mit Händ ond Füeß gwehrt gege dui Eigmeindong, weil

So soll Degerlochs Zentrum künftig aussehen

se nämlich gwißt hend, daß des dr Afang isch vom End vo Degerloch ond seire Scheeheit. Aber dui hergloffe Hottwollee vom Villeviertel drusse, wo koine Küeh em Stall stande ghet ond koin Wengert schaffe braucht hat, aber drfür schwätze könne ond grichtle, die hend partu Stuegerter sei wölle ond hend's mit dr Zeit nakriegt, daß mir nach dere Stuegerter Pfeif danze müeßet.

Ond statt wie früher, wo mir bloß den liebe Gott, den Keenich vo Wirteberg ond den blaue Hemmel über ons ghet hend, hocket oim jetz so Kerle em Gnick, wo kaum a gelbe Rüeb vome Rettich, geschweige denn en Haber vom Woize onderschoide könnet. Ond wie's die Alte prophezeit hend, isch dui Landwirtschaft abgmurkst worde, ond des, wo jeder woiß, daß oi gscheiter Bauer weiter für d'Scheeheit vo Stuegert macht wie de ganz Stadtgärtnerei mitnander, ond des zom Nulltarif.

Zwölfhondert, vielleicht sogar vierzehhondert Jahr send die Degerlocher frei ond fröhlich, selbständig ond zfriede gwä, ond hend en Flecke ghet wie em Heimatfilm, ond hend glebt vom Korn, vo Woize ond Dinkel, vom Filderkraut, ond ihrn Wei hend se exportiert bis en d'Schweiz nei, ond ihrn Most, den »Degerlocher Champagner«, den hat sogar dr Keenich tronke. Ond se hend glacht ond gheult ond gschafft, jahraus ond jahrei, ond se hend de Alte net alloi glasse. Ond wenn a Kend konfirmiert gwä isch, no hat's dr Vatter an dr Hand gnomme ond am Haigst uff Stuegert nagucke lasse ond gsait: »Dahonne leit dui Sau ond frißt Steure, ond mir Bachel müeßet se fuettre.«

Dui Steuerefresserei hätt mr ja no halbwegs verkraftet, aber viel schlemmer isch, daß dui Sau mittlerweil au no Landschaft frißt, ond des em Daubedicht. Hauptsächlich nach'm Siebezgerkrieg hat dui Sauerei agfange, da send se nübergschnappt ond hend des ganze Nesebachtal zuepflästeret ond kaum en Baum standelasse, no viel weniger a Wiesle. Ond drnach send se uff des Degerloch los ond hend grad so weitergmacht, ond sogar den Name hend se omdaife wölle en Charlottenhöhe oder Hohenwaldau, weil doch Degerloch so ordinär sei.

Fenfesiebzig Jahr, länger wie des Volk Israel en

Babylon am Wasser ghockt isch ond gheult hat, dauret jetz dui Knechtschaft, ond weit ond broit isch koi Wilhelm Tell oder Andreas Hofer en Sicht. Ond als Jubiläumsgeschenk krieget mr grad onser Degerlocher Kornkammer an dr alte Echterdenger Straß dutzedhektarweis zuebetoniert, de beste Äcker vom ganze Flecke, wo älles verhongret wär, wenn mr die anno 44ff net ghet hättet. Mit oire gotzige Stemm Mehrheit hend se des durchdruckt em Gmeinderat, Beto statt Baure, ond wem da 's Herz net bluetet, der hat kois.

Ond als Ersatz für die haufeweis hehgmachte Felder wöllet se aus dem Alte Kirchhof beim Zahradbahhof a Alägle mache. Daß sich onsre Altvordere nemme em Grab romdrehe könnet, ganget die also sogar über Leiche.

Ond überhaupt, wo heutzutag jede Südseeinsel selbständig isch ond en Botschafter bei dr Uno hat, da müeßet mir ons vo so Kerle en Stuegert romkommandiere lasse, wo vo Degerloch grad soviel verstandet wie a Sau vom Oierlege. Ond garantiert, wenn die so weitermachet (ond wer hendret se dra?), no könnet mir uff de Fildre d'Natur eme Weile bloß no em Fernsehe agucke. *(1983)*

Erstkläßler, Tentefäßler!

Glück isch, wenn mr so en Freund hat wie Di, dr beste Freund von dr Welt. Ond des isch no gar net so lang her, da bisch wie a Hutzele em Pfätschekisse glege, ond zwoi Däg hend die Dokter braucht ghet, bis daglege bisch, ond älles hat sich gfreut, daß Du ond Dei Muetter drvokomme send.

Ond bisch en a Welt neigsetzt worde, wo so viel Hurgler vorne dra hocket ond Sempel 's Sage hend ond wo jeden Augeblick en d'Luft gange ka. Ond wo mr d'Kender so arg mag, daß se Euch Würmle sogar scho d'Muttermilch vergiftet hend.

Bisch aber oineweg a ganz arg netts Bürschle worde, a richtigs Lausbüeble wie dr Michel von Lönneberga, ond hasch mit Deine sechs Jahr scho weiter Leut a Freud gmacht wie so a Dutzed Stuegerter Gmeinderät em ganze Lebe.

Hasch's ja au ganz gschickt troffe, en Dokter als Vatter ond Dei Muetter au Doktere ond oineweg de

ganze Dag für Di da. Ond a liebs Brüederle hasch, ond en Freund wie mi, wo en echte Säbel hat ond a echte Hellebarde.

Ond mit dreiahalb hasch den ganze Max ond Moritz hersage könne. Ond bisch en dr Provence no em Marc Chagall über de Weg gloffe. Ond a Xichtle wie vom Rembrandt.

Ond bevor Du richtig woisch, ob Du amol »Seeräuberkapitän« oder net doch lieber »Kriminalverkehrspolizeihauptmann« werde willsch, holet se Di en d'Schuel ond pfeift dr Wend jetz aus 'me andre Häfele. Ond obwohl se Deine Kamerade ond Dir a Zuckerguck en Arm neidrucket, isch des Honigschlecke für a ewigs Weile vorbei.

Dreizeh Jahr (hoffentlich kois weniger ond kois

weiter) werdet se jetz uff Di neischwätze, die Herre Lehrers, ond Du wirsch manchesmol denke, zu was au so en Lohkäs, mir stenkt's. Aber die moinet's ja bloß guet mit Dr, ond merk Dr halt soviel drvo wie möglich, denn älles könnet se Dr amol wegnemme, aber net, was en Deim Kopf dren isch.

Aber werd mr bitte ja koi Streberle, denn guete Freund send wichtiger wie guete Note, ond au koi so a stromlinieförmigs Ma(nager)le, wie se heutzudag en Mode send, mit so Elleboge ond Hornhaut uff dr Seel – als leibhaftigs Vetterle vom Schiller ond Sprößleng vom Graf Eberhard im Bart hasch Du des überhaupt net needich.

Mach's guet, bester Freund von dr Welt, bleib xond ond so a netter Kerle wie jetz, daß dr liebe Gott ond d'Leut Deiner Lebdag a Freud an Dir hend. Ond wenn's amol net ganz so lauft, denk dra: Die dömmste Kerle von meiner Klass fahret heut de dickste Kärre. *(1985)*

Widmung

Nach einem Vortrag im Stuttgarter Hotel Wartburg bat mich eine bereits durch ihre Gesichtszüge als Weizsäckerin ausgewiesene Dame, ihren Vettern Carl Friedrich und Richard mein »Hirn« zu signieren. Im Bewußtsein der hohen Ehre einer solchen Aufgabe erhielt Carl Friedrich einen von Cicero abgeleiteten lateinischen Eintrag, sein jüngerer Bruder aber die nachfolgende Widmung:

»In großer Dankbarkeit, daß es in Bonn neben so vielen Hurglern & Hamballen auch noch so gscheite & anständige Prachts- & Hauptkerle wie unseren Landsmann den Dr. Richard Freiherr von Weizsäker gibt, und für das unverdiente Glück, einen solchen Menschen zum Bundespräsidenten zu haben, demselbigen überreicht mit dem allertiefsten Bedauern, daß er anno 66 nicht Ministerpräsident von Württemberg werden durfte, und mit allen guten Wünschen fürs xon-tsai.«

Es folgte neben dem von Thaddäus Troll geschenkten Dienstsiegel »Exilregierung Degerloch« die übliche Unterschrift des Verfassers mit der aus Rationalisierungsgründen nur aus »Deger« und Pfeil und vorfabriziertem Loch bestehenden Ortsangabe und das Datum »Christtag 1986«.

Das Bäsle des Bundespräsidenten überbrachte mir hernach einen freundschaftlichen Brief von Carl Friedrich sowie dessen neuestes Werk mit schöner Widmung. Der Richard aber habe das Buch noch am selben Abend ins Bett genommen, an einem Stück durchgelesen und »Schoche« (Heuhaufen) gelacht und werde, so er Zeit fände, sich noch persönlich bedanken.

Mitte Januar traf dann das nachfolgende Dankesgedicht ein, wobei der als solcher bisher nicht öffentlich in Erscheinung getretene Dichter wußte, daß sein erster Amtsvorgänger Heuss von 1945 bis 1949 in der Heimat von dessen Raffschen Vorfahren wohnte, dann für zehn Jahre in Bonn schaffte, um sich dann am 16. September 1959 wegen der teuren Bauplätze in Degerloch mit der zweiten Wahl, mit einem Häusle auf dem Killesberg, bescheiden zu müssen. Aber bereits am 17. Dezember 1963 kehrte Heuss auf den Degerlocher Waldfriedhof zurück und bleibt nun bis zum Jüngsten Tage ein Degerlocher. Und wie froh sind wir dann, beim Klang der Posaune auch einen intelligenten Gesprächspartner zu haben und nicht bloß diese Halbdackel, die ihre Heimat so verhonzen.

Der Geist ist rege – reger noch
Ist er jedoch im Degerloch.
Und das beweisen – man ist baff –
Der Theo Heuss und Gerhard Raff.
Der Herr schmiß beiden, nicht zu knapp,
Vom Himmel reichlich Hirn herab.
Weil's Ihm gefiel, gefällt's uns allen,
Daß es in dieses Loch gefallen.
Mit Witz, Humor und Geist berichten
Davon »Die schwäbischen Geschichten«.
Für diesen Schwabe-Labe-Trank
Und für die Widmung: vielen Dank.

Richard von Weizsäcker
15. Januar 1987

Den Empfang dieses Gedichtes als absoluten Höhepunkt seines seitherigen und auch künftigen geistigen Schaffens empfindend, schrieb der Verfasser zum Dank die nachfolgende Geburtstagsgratulation in der »Stuttgarter Zeitung«:

Prachts- ond Hauptkerle

Wem därf mr da ärger gratuliere, ons zo dem Prachtskerle vo Bundespräsident oder ehm selber zom Geburtstag? Der Dr. jur. Richard Carl Freiherr von Weizsäcker isch am 15. April 1920 uff d'Welt komme – en Stuegert em Neue Schloß.

Da hat scho sei Großvatter dren gschafft, wo dr letzte Ministerpräsident vom letzte Keenich vo Wirteberg gwä isch. Ond weil der Ehne au scho so a gscheiter, feiner ond aständiger Ma gwä isch wie jetz seine Enkele, hat'n sei Freund, der demokratische Keenich Wilhelm II. anno 1916 kurz vor Torschluß no en den erbliche Freiherrestand glupft.

Denn wenn au die Weizsäcker durchweg älle so scheene Xichter hend ond so edel aussehet, als hättet se seinerzeit scho mit'm Kaiser Friedrich Barbarossa em Saleph badet, so send des vorher oifache Leut, Müller send se gwä.

Ond send eigentlich Reigschmeckte, der Niklas

Weidsecker isch nach'm Dreißigjährige Krieg aus dr Pfalz uff hie zoge ond hat 1650 dui Bernhardsmühle kauft bei Neuenstein drobe, dui hat'r sicher günstig kriegt en dem ausblutete Land. Ond drei Generatione hend se no als Müller gschafft, ond no hat der Müllersbursch Gottlieb Jakob Weizsäcker anno 1769 a Mädle vom Leibkoch vom Fürste vo Hohenlohe en Öhringe gheiratet ond isch no seim Schwiegervatter sei Nachfolger worde. Ond dem sein Jonge hat dr Fürst studiere lasse – ond der isch Pfarrer worde. Ond seiterher setzet die Weizsäcker oi Obergscheitle oms ander en d'Welt.

Ond em Gegesatz zo andere namhafte Familie em Ländle, wo eideutig a destruktiefe Veralagong erblich isch, krieget die Weizsäckerle älle en ganze Mehlsack voll Gscheitheit ens Wiegle neiglegt. Ond trotz dem saudomme Sprüchle vo Pfarrers Kender ond Müllers Viech hat's dem Pfarrer sei Jonger, der Carl Heinrich (1822–1899) scho zom Rektor ond Kanzler vo dr Universität en Dibenge bracht. (Manche kennet des Gschichtle no, wien'r sein Freund ond kadolische Amtsbrueder Carl Joseph Hefele gfoppt hat mit dr »Hinfallibilität«, de andre sollet's beim Thaddäus Troll nachlese).

Ond dem Kanzler sei Jonger, der Carl Hugo (1853–1926), isch no dr letzte Ministerpräsident vom Keenigreich Wirteberg gwä. Ond wieder vo dem dr Jonge, der Ernst Heinrich (1882–1951), brengt's bis zom Staatssekretär em Auswärtige Amt (ond hat's au net verhendre könne, daß so a herglofffener Sektvertreter als Außeminister mit äller Welt Händel afangt).

Gheiratet hat der dui Marianne von Graevenitz, d'Schwester vo dem Bildhauer ond Akademierektor Professor Fritz von Graevenitz von dr Solitude (dem wo sei Mädle den Robert Bosch jun. gheiratet hat). Ond vo seire Marianne, wo erst anno 83 gstorbe isch ond mit ihrem Ma ond ihrem Brueder drobe bei dr Solitude schräg visàvis vom John Cranko vergrabe liegt, hat'r fenf Kender gschenkt kriegt, oi Mädle ond vier Buebe:

1912 den Carl Friedrich, den Atomphysiker, Philosophe ond Friedensstifter. Ond dr Carl Friedrich isch leider nie Bundespräsident worde, obwohl mr des scho anno 1964 obedengt hätt mache solle, wie's der Heinrich Lübke geistig afange nemme so verschafft hat ond bloß no seire Wilhelmine zlieb hat müeße weitermache därfe.

1915 a Büeble, wo scho nach're Woch gstorbe isch. Ond no dui Adelheid, wo ihr Ma en Rußland vermißt isch.

1917 uff dr Solitude der Heinrich Viktor von Weizsäcker, wo am zwoite Tag vom Zwoite Weltkrieg, am 2. September 1939, en dr Tucheler Heide gfalle isch, ond da hat's heut no Leut en Stuegert, wo om den guete Kerle heulet.

Ond heut vor 67 Jahr dr Jöngste. Ond der isch jetz Bundespräsident, ond onter ons, jedesmol wenn der em Fernsehe 's Maul uffmacht, dät mr'n doch am liebste wie so a Steifftierle en Arm nemme. Ond mr wird schier gar schwermüetig, wenn mr dra denkt, daß so a Hauptkerle anno 1966 net Ministerpräsident vo Wirteberg hat werde därfe. Denn wie der Hohenzollernprinz Kurt Georg Kiesinger nach Bonn gange isch ond Kanzler worde, hend drei Leut Nachfolger werde wölle en Stuegert. Ond mr mueß grad sage, de Mendeste drvo hend se gnomme, die Bachel. Der Richard isch dene z'jong gwä (so alt wie dr Kennedy, won'r verschosse worde isch) ond koi Badener ond koi Parteihengst ond koine Elleboge »ond effangelisch isch'r au«.

Ond seine beste Jahr send verleppert, bis se'n endlich nach Berlin abgschobe hend, ond koi Mensch hat doch denkt, daß der dort a Mehrheit kriegt ond Schultes wird. Ond anno 84 hätt'r net amol wegdärfe vor lauter Angst, daß dui Mehrheit wieder fleete goht. Ond wenn da onser Richard net nagstande wär ond gsait hätt: »Halt amol, so hend mr net gwettet!«, no hättet se ons doch tatsächlich den Herr Barzel vo dr Firma Flick als Bundespräsident adreht.

Aber gottlob isch's wenigstens desmol guet gange, ond seit'm Theodor Heuss send mr mit koim meh so zfriede gwä wie mit dem. Hie gut Wirtemberg allewege. Ond irgendwie isch so a Prachts- ond Hauptkerle a gerechter Ausgleich für äll die viele Hurgler, wo sich sonst en dr Politik ond Weltgschicht romtreibet. Ond bloß schad, daß des sei Muetter hat nemme verlebe därfe.

Ond nomol ebbes. So wie des aussieht, schafft's er jedefall nemme, aber wenn vo dene jonge Weizsäkker oiner »President of the United States of Europe« werde dät, des wär schee. *(15. April 1987)*

Dieser herzlichen Hommage folgten a) hunderte beglückter Leserzuschriften sowie b) ein in einem so freundschaftlichen Ton gehaltener zweiseitiger Dankesbrief, daß man meinen könnte, der Absender würde seit zwanzig Jahren seine Rettiche bei meiner Mutter auf dem Degerlocher Markt einkaufen. Zum Schluß heißt es darin:

Mit Ihrem veröffentlichten Beitrag zu meinem Geburtstag haben Sie etwas geschrieben, dessen Freude bei mir durch anderes Gedrucktes nicht mehr übertroffen werden kann. Ich fühle mich meiner schwäbischen Heimat tief verbunden, aber doch wie einer, der seit dem Ende seines ersten Lebensjahres im Exil lebt. Meine Frau und meine Kinder kennen meine Heimat nicht. Der Berliner und nicht der schwäbische Dialekt hat meine Jugend geprägt. Nun suche ich im vorgerückten Alter meine eigenen Wurzeln wieder auf. Das ist nicht leicht. Ihr Beitrag jedoch hat mich auf hinreißende Weise dabei unterstützt, sowohl mir selbst als auch meiner Familie gegenüber. Haben Sie von ganzem Herzen dafür Dank.

Mit herzlichen Grüßen und Wünschen

Ihr R. Weizsäcker

Maiers Luis'

Wer se kennt hat, hat se möge, Maiers Luis' vo dr Kirchgaß. Ond heut wär se hondert worde, wenn nex drzwischekomme wär.

Ihr Vatter, der Wengerter Christian Maier, isch aus dem älteste Degerlocher Gschlecht gwä, wo scho anno 1317 Schultes gwä send ond wo jetz anno 1985 mit ihrer Schwester Caroline verlosche isch.

D'Muetter isch a Bauremädle gwä, 's Dorle vo Sielmeng, a Ururenkele vom Philipp Matthäus Hahn seim Vatter seire Schwester, ond deswege mit'm Heuss ond Hegel verwandt ond a Bäsle vom Wilhelm Maybach, wo em Woisehaus uffgwachse isch ond em Gottlieb Daimler sei ganz Zeug erfonde hat.

Drei Schwestre hat se no ghet, Maiers Luis', die send älle uff Heslich en d'Fabrik gange zom Benger, des isch au a Vetterle gwä, bettelarm aus Frankreich komme, Hugenotte, ond hend ganz klei em Gäßle als Strompfweber agfange ghet.

Sui aber isch drhoim bliebe ond hat ihre Leut em Stall, uffm Acker ond em Wengert gholfe ond isch bei Wend ond Wetter äll Morge mit'me Karre voll Milchfläsche uff dr Stoig uff Stuegert nagloffe ond hat se schoppeweis verkauft oms Olgaeck rom ond bis an Feuersee nuff. Ond wie oft isch se au em Keenich verkomme ond hat der de Huet razoge vor dene Degerlocher Milcherne.

Anno 11 hat se gheiratet, den Wengerter ond Baure Karl Christoph Raff vo dr Mittlere Gaß; der hat nebeher au no als Mäurer gschafft, weil mr vo dere Landwirtschaft alloi hat nemme lebe könne. Ond acht Kender hend se mitnander ghet, ond sechs drvo send graoß worde.

Ond wie des Jöngste grad zwoi Jahr alt gwä isch, da isch der Ma gstorbe, ond no isch se dagstande ohne en Pfennig Rente, weil der Saukerle, der siedich, bei dem'r gschafft hat, die Märkle für d'Krankekaß ond Rente wohl vom Wocheloh abzoge, aber en de oige Tasch neigsteckt hat. Ond so hat'r's no meh gmacht.

Ond oineweg hat se später en dene schlechte Zeite lieber zviel hergebe wie zwenig, wenn d'Leut om Milch ond Mehl, om Brot ond Kraut ond Grombiere komme send. Ond da send manche heut no dankbar. Ond au bei ihre isch koi Esse uff de Tisch komme, wo se net vorher d'Händ gfaltet hat ond Dankschee gsait.

Luise Raff mit Tochter Anna (*1911) und Sohn Karl Eugen (*1912). Links: Nichte Aline Raff (*1914, Vater 1915 gefallen vor Verdun).

Ond des isch're arg gwä, daß se die letzte Äcker ond Wiese en Degerloch so em Overstand hehmachet, des hat se oft gmoint, daß mir des no amol bitter büeße müeßet, daß die en Dachschade hend, wenn se so mit'm Sach, mit dr Natur omsprenget.

Sui selber aber isch bis zletzt em Kopf no so hell ond wief gwä wie mit zwanzich ond hat als oifachs Baureweib mit ihre paar Jahr Volksschuel em Alter vo fast 93 Jahr no älle die scheene Vers vom Schiller, Hölderlin, Uhland, vom Mörike ond Kerner ond aus Bibel ond Gsangbuech hersage könne, weiter wie älle Abituriente en Wirteberg mitnander. Ond hat au no äll Dag dui Zeidong da glese, vo hente nach vorne, zerst die Trauerazeige.

Ond da hat mr koin Fernseher braucht ond koi Mickymaus, wenn se verzählt hat vo früher, vom Dreißigjährige Krieg ond dr Pest, von dr Franziska ond vom Carl Eugen en Hoheheim, von ihrem Ehne, wo mit'm Napoleon anno 1812 en Moskau gwä isch. Vo dere graoße Hongersnot anno 1816, ond wie dui Keenigin Katharina so jong hat sterbe müeße. Vo dene Achtevierzger en dr Paulskirch, vo dene Neunevierzger en California, von ihrem Onkel, wo em Siebezgerkrieg gfalle isch, ond dem, wo am Gotthardtunnel mitgschafft hat. Vo dr Prinzeß Pauline, wo älle Kender a Schneckenudel gschenkt hat, wie se des Kenderschüele henter dr Hentre Gaß eigweiht hat. Ond wie dr Kaiser no mit Glanz und

Gloria uff Stuegert komme isch. Oder wie em Bäcke Streib sei Ernstle en Flandern, am letzte Dag no, am 9. November 1918, vo're Granat verrisse worde isch, ond dr halbe Flecke ond de ganz Kirchgaß gheult hat om den herzensguete Kerle. Oder wie anno 19 ihr Vetter Jakob vo Sielmeng, kaum konfirmiert, vor lauter Naseweisheit am Alte Postplatz verschosse worde isch. Oder wie se en dr Inflatio für en ganze Wage voll Filderkraut grad no drei Eidönstgläser hat kaufe könne.

Ond wie no die fäkalfarbige Hemmeder uffkomme send, ond wer älles nemme »Grüß Gott!« gsait ond bloß no »Ha-Itler!« gschrie hat. (Ond andre Leut hend verzählt, daß se am Morge vom 1. September 1939 des Stalingrad ond des ganz Elend vorhergsehe häb.) Oder wie dr »Helm«, ihrer Schwester ihr oiziger Bue, oin so traurig aguckt uff seim Soldatebildle, wie wenn'r gwißt hätt, daß'r nemme hoimkomme därf aus Rußland. Oder wie der freundliche Herr Otto Justitz aus dr Charlottestraß uff oimol nemme en Stall komme isch mit seim Milchkännle, weil se'n mit Weib ond Kender em Viechwaggo nach Riga verfrachtet hend. Ond wie no em April 45 die Marokkaner eimarschiert send, ond wie no 's Geld nomol verreckt isch, ond wie des Wirtschaftswunder en Wirteberg Land ond Leut so versaut hat.

Ond uff ihre alte Däg isch se au no nauskomme aus Degerloch, hat Venedig gsehe ond 's Matterhorn mit de Landfraue. Am liebste aber isch se en Frankreich gwä ond hat dort viel Freundschafte ghet bei dene Franzose, wo ihre Schwestre d'Männer verschosse hend, em erste Krieg bei Langemarck ond vor Verdun.

Ond am 1.Februar 1980, am gleiche Dag, wo 1678 ihr Urehne, der Schultheiß Michael Maier vo Degerloch, an dr Alte Stoig vome bsoffene Reitersoldate verstoche worde isch, isch se gfalle ond ens Spital uff Stuegert komme, ond wie älles verhoilt gwä isch, isch se gstorbe mit 92 Jahr, 10 Monat ond 10 Dag. Ond hat drei deutsche Kaiser, zwoi wirtebergische Keenich, zwoi Reichspräsidente, 19 Reichskanzler, oin Führer, oin Großadmiral, fenf Bundespräsidente ond fenf Bundeskanzler verlebt.

Ond wenn se gfragt worde isch: »Luis', wie goht's?«, hat se emmer gsait: »Wenn no äll Morge 's Bett leer isch.« *(24. April 1987)*

»Wenn mr sein klare Verstand hat,
seine grade Glieder ond sein gsonde Leib,
isch mr reicher wie dr reichste Ma
vo dr Welt.« *Maiers Luis'*

Dr Jocki

Den Dag woiß i no wie heut, den fuffzehnte April 1958. Send grad no Osterferie gwä, ond mir hend uff dr Kirchgaß kickt, Ruffzues gege Nazues. Des hat mr selbichsmol no könne en Degerloch, da hat no net jeder Schlurger a Auto ghet, bloß de bessere Schlurger. Kommt uff oimol a Frau de Buckel ruffgspronge, ganz uffgregt ond hat gfragt, ob mir net de Jocki gseh häbet, der sei heut net zom Mittagesse hoimkomme.

Dr Jocki hat uff dr »Villa« drusse gwohnt, em vornehme Viertel vo Degerloch, vom Heuss seim Haus en dr Löwestraß a paar Häuser weiter nuff de Bukkel, ond isch a goldichs Bürschle gwä wie aus'm Bilderbuech ond uff Dag ond Stond gleich alt wie mei Vetter, dr Roland. Ond die zwoi send zur Tante Elfriede ens Kenderschüele gange ond wäret zwoi Dag später nebrenander ghockt en dr erste Klaß beim Fräulein Mühl en dr Filderschuel. Ond am

2. April hend se no mitnander ihrn 7. Geburtstag gfeiret, em Jocki sein letzte.

A paar hondert Poleziste mit Hond ond Gäul hend die Däg druff älles abgsuecht om Degerloch rom ond nex gfonde, hat ja au gregnet ghet em April. Mittlerweil hat a Ma em Jocki seim Vatter telefoniert, om 15 000 (!) Mark dät sei Kend wieder hoimdärfe, aber er soll ja nex dr Polezei sage, sonst . . .

D'Polezei hat no au so do, wie wenn se nex wisse dät, ond se hättet den Denger au schier gar gschnappt. Oimol, en dr Nacht, zwische Vaihinge ond Mairenge (wo jetz des Züblinhaus vom Gottfried Böhm stoht), da hätt solle der Vatter des Geld nabrenge.

Aber no hat d'Filderbah mit dr Oberleitong gfonkt, ond der Denger hat gmoint, des sei's Blaulicht vome Polezeiauto ond isch abghaue. S'andermol am Schillerplatz en Vaihinge, ond dr Stroifewage isch hergrast, aber mit Tatüü, ond no isch nadierlich des Telefohäusle leer gwä.

Schier a Woch isch dr Jocki weggwä vo drhoim, da isch a Arbeiter vom Gschäft hoimgloffe vo Kaltetal durch de Wald uff de Sonneberg nuff, ond der hat des Kend em Kohlhau em Dickicht gfonde, tot ond gfesslet an Händ ond Füeß. Ond an dem Abend hat der Denger nomol telefoniert, der hat no nex gwißt, aber der Vatter . . .

Am nächste Dag isch's no en älle Zeidonge

Ein Mundartschwank

Was Sie Ihren Lesern, vor-
ten, in Erinnerur-
Joachim Göhner
mit Sicherheit die
schen Geschmacklc
Durch Stil und In
Veröffentlichung
chen Fahndu-
tragischen
Bereich
Mu-

Mundart = „luschdig"?

Mundart gleichzusetzen mit „luschdig"
zeugt von Engstirnigkeit. Damals wurde
wohl noch etwas mehr geschwäbelt als
heute. Und wenn der Verfasser sich ent-
-chließt, die Geschichte so zu schreiben,
-er sie erlebte, nämlich schwäbisch,
-s bestimmt nicht der Startschuß
-sein. Die Kritiker des Artikels
-tdichtung nur aus Komö-
-ıı kennen. Vielleicht
-chet' Se no wei-
- Stuttgart 1

Geschmacklos

sehr geschma
Dialel
iger
oachim
chwäbis
en Ihr
alter

Entgleisung

Mir lief ein eiskalter Schauer über den
Rücken, als ich den Artikel anfing zu lesen
Ich war nicht fähig
traute mein
über diese
„Mundart-S

Den Artikel einer Freilichtbühne überlassen

Schwäbisches ist in der Stuttgarter Zeitung
stets im Zusammenhang mit einer lustigen
oder erfreulichen Begebenheit zu lese-
Um so empörender ist der Artikel
Mord an dem siebenjährigen
ner vor 30 Jahren in
art. Dieser könn-
Ausarbeit-
einer
gewiß
Verfass
mal mit
befassen

Es steht elend u. Mundart-Verst

Wie elend steht es doch
nicht um die von Ger
ich, sondern um das
der Kritiker
schi-

Taugt u noch fü

Es ist woh
wehmütige
gang i jet
Brünnele"
endlich i
übertrage
Mitgefühl
sprechen
wollten

Schwä heite

In jede
kann ma
bringen. Leider w
der zu Unrecht
was in schwäbis
oder geschrieb
einen hei-

Miserabler Boulevardstil

Jeder, der vor 30 Jahren diesen Entfüh-
rungs- und Mordfall mitverfolgt hat, ist si-
cherlich entsetzt, wie hier in einer angese-
henen Tageszeitung in miserablem Boule-
-ardstil ein Ereignis in Erinnerung gerufen
das jeden mitfühlenden Menschen
-ef betroffen hat.
-ntwortliche Redakteur der
-ng, der die Veröffentli-
-s zugelassen hat, soll-
Verantwortungs-
Lage ist, die
-ziehen.
-laitdorf

Über Mundart läßt sich nicht streiten

Ich bin selber waschechte Schwäbin un
lebte 1958 als neunjähriges Schulmädche
in Vaihingens (damals) luftiger Höhe un
genoß meine Kindheit auf den nahegelege
nen (unbebauten) herrlichen Wiesen un
in den bis dahin noch relativ ungefährli
chen Wäldern. Wir Kinder in dieser Ge
gend haben alle indirekt die Schrecken de
Unglücks an dem kleinen Joachim Göhne
miterlebt.
Wie kann
Tra-
ff auf diese Weise ein
, an die man sich heu
gewöhnen mußte?
man lese eine li-
doch n-

Taktlos

Wie ist es möglich, daß Sie eine
taktlosen Artikel bringen! Es is
in bester Erinnerung, wie alle
nenberg-Gegend wohnende
mitfühlten und trauerten.
- sein, aber in diesem

Entwürdigend

Kindesmord als Heimatschnulze. Niedlich
Taktlos. Entwürdigend.

gstande, ond bis nom nach Los Angeles, denn so ebbes hat's seit dem Lindbergh-Bäby nemme gebe. Ond no hat d'Polezei nemme hehlinge sueche müeße ond hat au a paar gschnappt, aber de falsche. Ond wie no d'Leut emmer uffgregter worde send mit dr Zeit, ond wochelang koi Kend meh alloi uff d'Gaß därfe hat, hend se 10 000 Mark Belohnong versproche ond hend des Gschwätz vo dem Telefonierer em Radio ond Fernsehe bracht. Ond siebe Leut hend den Denger an seire Stemm kennt, dene hat'r älls de Garte gschafft, der Glegeheitsgärtner Emil Tillmann. Oisevierzich isch der gwä ond aus Viersen em Rheiland ond hat vielleicht 250 Meter weg vom Jocki en dr Jahnstraß em Suterai gwohnt, schräg visàvis vom Café Wagner.

Ond der hat's no zuegebe, daß'r de Jocki am Löweplatz (wo jetz d'Versöhnungskirch stoht) gfragt hat, ob'r net a paar Rehle sehe wöllt. Der nadierlich nex wie nuff uff den Gepäckträger vo dem seim (gstohlene) Fahrrad, ond am hellichte Mittag send se des Königsträßle nuff durch Degerloch gradlet am Wasserturm, am Zahradbahhof, am Westbahhof (am Albplatz, wo jetz der barbarische Berolinabunker stoht) vorbei zom Sonneberg, ond dort em Haldewald isch der Gärtner zom Mörder worde.

Ond die 15 000 Mark häb'r braucht, weil sei Freundin no gheirat gwä sei. Ond dui häb sich bloß schoide lasse wölle ond ehn heirate, wenn'r a bißle a

Gerstle mitbrengt. Dui isch vo dr Albsiedlong, vo »Neu-Berlin« gwä ond au verhaftet worde, hat aber scheints nex gwißt vo dere ganze Sach, ond isch no glei fort vo Degerloch, ond woiß net, was aus dere worde isch.

Der Kidnäpper aber, der hat sich bald druff ghenkt, en dr Nacht am Fenster vo seire Zell em Gfängnis am Charlotteplatz. Ond isch uff Dibenge komme en d'Anatomie, hat ja neamerts meh ghet uff dere Welt.

Dr Jocki aber liegt uff'm Waldfriedhof, net weit weg, wo's passiert isch. Dreißig Jahr send des jetz her. Ond was hätt der Jocki für en nette Kerle nagebe. *(15. April 1988)*

En Batsch für Gorbatschow

Mensch Michail, schee, daß Du au amol bei ons en Degerloch vorbeigucksch. Ond des trotz dere Kotzbrockearchetektur, wo mir extra an d'Hauptstraß nabaue lasse hend, daß die Russe net eimarschiere sollet. Ond trotz Deim Haufe Gschäft drhoim. Onter ons Baurebüeble, Du bisch halt a Kerle.

Oh wenn des no dr guete Hegel aus dr Eberhardstraß hätt no verlebe därfe. Denn des woisch Du ja selber ond viel besser, daß ohne den ond sei Philosophie dr Karl Marx scho selbichsmol ganz schee domm dagstande wär. Ond erst recht dr Lenin, der dät jedefall heut no en Zürich uffm Kirchhof romstracke statts an dr Kremlmauer, ohne onsern Hegel. Des hoißt, vielleicht wär'r sogar en Sillebuech vergrabe worde, wenn'r no a Weile länger bei dr Clara Zetkin bliebe wär en dr Kirchheimer Straß.

Ond Du woisch ja au sicher, daß dr Lenin vo seire schwäbische Muetter her, dr Maria Blank, a halber

Wirteberger gwä isch. Denn wo soll der sei Gscheitheit sonst au herkriegt han zom so a Zarereich omschmeiße ond wieder nastelle. So ebbes ka net jeder Sempel.

Aber dr Stalin, den wo dr Lenin gar net möge hat ond gar net wölle, daß der Dräxak nakommt, des isch garantiert koi Schwab gwä. Ond dieser Mangel an positiefem schwäbischem Erbgut mueß diesen georgischen Schlurger so pfupfert han, daß'r bei dr erste beste Glegeheit a Schwabemädle gnomme, gschwängert ond gheiratet hat, sei Nadjeschda – dui hat sich ja no 's Lebe gnomme aus lauter Verzweiflong. Ihr Ahne isch aus Wirteberg gwä, aus Wolfsölde henter Backnang, ond anno 1817 nach dere große Hongersnot mit dr Ulmer Schachtel dui Donau na wie viele, viele tausend andre Schwabe au. Ond Du hasch's ja als Kend mit de oigene Auge gsehe, was des für aständige Leut gwä send ond fleißige. Ond was moinsch, wie die wieder schaffe dätet, wenn se wißtet, für wen, ond wenn se wieder frei schwätze, denke ond bete därfet.

Ond kasch sage, was De willsch, aber so a reachter Ma, wie Du oiner bisch, wenn da dr Professer Dekker-Hauff amol genau nagucke dät, garantiert hasch Du no au a schwäbische Urgroßmuetter.

Überhaupt ka mr sage, daß mir Wirteberger ons emmer guet mit de Russe vertrage hend. Beispielsweis hat dr Katharina dr Große ihr Kloiner, dr Zar

Michail Sergejewitsch G. am 9. November 1989
einer Anregung seines transatlantischen Kollegen
Ronald R. folgend.

Paul, onser bildscheene ond blitzgscheite Maria Feodorowna vo Wirteberg gheiratet. Ond dere ihr Bue, dr Alexander I., der hat de Napoleon verschlage ond hat'm den berühmte Kosakegeneral Platoff nachgjagt. Am Christtag 1813 hat der en Degerloch em Pfarrhaus übernachtet, ond am Ostertag 1814 isch'r en Paris em Louvre eizoge.

Ond em Alexander sei Schwester, d'Katharina Pawlowna, isch onser guete Keenigin Katharina gwä. Ond woisch was, heut mittag schicksch Dei Raissa mit'me Rosesträußle uff de Roteberg nuff, denn da mueß mr en dr Weltgschicht weit laufe, bis mr nomol so a wonderbars Weibsbild fendet wie onser Katharina.

Ach, mir könntet ja no soviel verzähle, vo dr Keenigin Olga oder vo dr Herzogin Wera, wo au so a guets, gscheits ond fortschrittlichs Frauezemmer gwä isch, oder warom em Maxim Gorki seine Enkele so schee schwäbisch schwätzet, aber Du pressiersch ja so.

Sag halt en scheene Grueß drhoim, ond dene Apparatschik, wo Dir dauernd Prügel en Weg neischmeißet, dene verzählsch no, daß mir Wirteberger scho en Volksdeputiertekongreß ghet hend, da isch des Moskau no mickriger gwä wie Mairenge.

Ond sag au, daß ons onser Graf Eberhard em Bart ond onser Herzog Christoph scho vor über vierhondert, fenfhondert Jahr Recht ond Freiheite gschenkt hend, da macht dr Honeckers Erich, der Siech, heut no en d'Hos drwege. Ond dem könntsch ruhig amol zeige, wo dr Michel sei Glas Most holt. Ond vielleicht hängsch au no dem Alexander Dubček so a Leninblechle ans Rewär.

Jetz, was isch Dir lieber, a Cannstatter Zuckerle oder a Cannstatter Sprudel? Nasdrowje! Uff Dei Wohl, Michail Segejewitsch! Dei Raissa, mir ond de ganz Welt brauchet Di no a schees Weile. Paß also uff Di uff, bleib xond ond komm au sonst amol.

(14. Juni 1989)

Huttens letzte Klage

Hiroshima . . .
Seveso . . .
Tschernobyl . . .
O Jahrhundert!
O Wissenschaften!
Es ist eine Last zu leben.

. . . und mir war sie mehr

So ewig ond schwer hane an no koim andre Gschichtle romgmacht wie an dem da, denn afangs vo dr Woch hat mr mei Muetter vergrabe, ond wer se kennt hat, woiß, wase anre ghet han.

Isch ja eigentlich »bloß« a ganz oifachs Baureweib gwä. Hat wohl, wie so viele uff de Fildre, en Haufe berühmte Vorfahre ghet, vom Heinrich Schickhardt bis zom Herzog Carl Eugen, ond dr Hegel isch om a paar Ecker rom au a Vetterle, ond em Philipp Matthäus Hahn seim Vatter sei Schwester isch ihr Urururgroßmuetter gwä, ond nach dere hat se au ghoiße.

Ond oineweg hat se ihrer Lebtag lang en dr Landwirtschaft gschafft, vom Kenderschüele a bis jetz en d'Ernt nei.

Ond wie die Degerlocher Baure anandernach eigange send ond hend uffgebe müeße wege dere Scheißeigmeindong, da isch sui de Letzt gwä nach

soviel hondert Jahr, wo no mit'm Kuhfuhrwerk romgfahre isch, mit'm Heuwage oder mit de Garbe druff. Ond wie oft isch se au mit onsrer »Hanne« ond »Lore« an dr Echterdenger Straß vo de Fremde fotografiert worde, ond i dät wonderwas drfür hergebe, wenne bloß ois vo dene Bildle amol agucke därft.

Ond wie no emmer weiter Ochse em Auto romgrast send, hat se sich mit ihre Küeh nemme uff d'Straß traut. Se hat ja koi ganze Ripp meh ghet, seit're beime Fliegeralarm d'Viecher durchgange send ond se onter de Karre komme isch, hoimzues vo dr Echterdenger Mühle, a Woch vorem Christtag anno 43.

Ond über a Dutzed Jahr lang hat se dui Milchsammelstell gmacht en dr alte Kelter dren. Ond sommers wie wenters, wertichs wie sonntichs, morgnets ond abnets isch se für en Hongerloh ond ohne Urlaub en des kalt Rheumaloch neigstande ond hat müeße die schwere Milchfläsche nufflupfe.

Ond wie se no anno 67 dui Sammelstell zuegmacht hend, hat se ihre Küeh au voll hergebe. Ond isch wege dr Rente, ond daß i han studiere könne, ge Schaffe gange en dr Kantine vo dere sympathische Bank am Schloßplatz. Ond so mancher jonge Schnösel en seim Immobiliemaklereinheitsazügle hat no grad mit Fleiß sei Zigarettle uff dem frischputzte Bode ausdrucke müeße.

Aber die Jahr send au voll romgange, ond se hat ihr Rente so richtig genosse: hondertzwoieachtzig Mark em Monat ond sechsevierzig Pfennig. Ond seit'me Weile hend se sogar no 28 Mark druffglegt, für des, daß se so en Denger wie mi uffzoge hat.

Ond so guet's gange isch, han're uff ihrm Acker gholfe, dem oizige, wo'nre d'Stadt no net wegbschisse ghet hat. Ond älles, was onser Herrgott uff seim fruchtbare Filderbode wachse läßt, hat se da neigsät ond neigsetzt: Spitzkraut ond Grombiere, Rettich ond Rüebe, raote ond gelbe, Sommeraster ond Sonneblome, Tomate ond Träuble, Levkoje ond Löwemäule. Ond en Haufe Mariekäfer ond Schmetterleng drzwische.

Ond außerm saure Rege isch da nex nakomme, koi Konstdönger ond koi Giftbrüeh, ond des scho en dene Zeite, wo a »Greaner« no a Landpolezist oder das Synonym für das Endprodukt der Rachenschleimhaut gwä isch.

Ond mit dem Sach isch se uff de Märkt gange, hat ihr Loiterwägele nagstellt direkt vors Dekanat mit dem Wappe vom Keenich über dr Tür ond isch mit ihrem Erntedankfest ond ihrem scheene alte Filderbauregsicht direkt a Lichtblick gwä zwische dene viele Krämerseele ond Gschäftlesmacher, wo sich jetz broitgmacht hend, seit vo dene alte Baure ois oms ander hat gange müeße.

Ond d'Leut send gern zu're herkomme ond hend

mit're gschwätzt ond hend se möge, jong ond alt, bessere Leut ond sotte wie mir.

Ond en äller Herrgottsfrühe uff'm Weg zu »ihrem« Märkt, zu ihre Sonneblome isch se oifach omkippt ond gstorbe, ihres Alters 77 Jahr ond 10 Monat ond 26 Dag. Wie's em 90. Psalm stoht. Ond i ben net amol drbeigwä, ben em Spital en Stuegert romgstrackt, ond grad eb des Herz standebliebe isch, hat se no gsait, se sollet mir den Traube da brenge ond dui Zeidong vo heut, da sei a Leserbrief dren, der dät mi freue. (Gege dui Degerlocher Dackelarchitektur ond die Armleuchter, wo se verbroche hend).

So a herzensguete Seel isch mei Muetter oine gwä. Ond des, obwohl se – wie ihr ganze Generatio – vo dem Dräxak om ihre schönste Jahr ond om ihr Glück bschisse worde isch.

Leset halt amol nach, was dr Johann Peter Hebel vo seire Muetter gschriebe hat, oder dr Karl Erb mit seim Engelstenor. So schee kann i's gar net schreibe. Ond en scheenere Tod ka mr sich eigentlich doch gar net wönsche. Ond doch fehlt se halt hente ond vorne. Ond i han se doch no soviel frage wölle. Ond soviel Dankschee sage. Bleibet xond.

(13. August 1989, am Geburtstag d. Verf.)

Mensch Kurtle!

Du wirsch mi net kenne, aber mir send boide en de gleich Schuel gange, ond mir zwoi hend an dr gleiche Schuel Abitur gmacht, an dr Wilhelmsoberrealschuel en dr Hoheheimer Straß. Du, des Arbeiterkend vom Stöckich, i, des Baurebüeble vo Degerloch. Ond älle Leut, wo Di no kennet vo früher, verzählet, was Du amol für a lieber Denger gwä bisch, witzig ond gscheit, a richtig netter Kerle, dr Kurtle Hager, gebürtig aus Bietigheim/Württ. an dr Enz.

Woisch no, wie Du mit'm Josef Eberle alias Sebastian Blau em Hitler seim Gschroi en dr Stadthalle en dr Neckerstraß zueghert ond druff gwartet hasch, daß der Remstäler Wengerter, Hermann Medinger hat'r ghoißе, mit dr Axt des Radiokabel durchhaut?

Die braune Brüeder hend Euch ja no für a Weile uff'm Heuberg eigsperrt, aber Du bisch no durchgange ond gege de Franco loszoge, ond no nach Frankreich zoge, ond no nach England. Ond nach'm

Krieg bisch no nüber en dui »Soffjetzone«, wie dr Adenauer emmer gsait hat. Ond hasch Karriere gmacht, bisch Professer worde ond a ganz, ganz Oberer. Ond so wie dr Hegel aus dr Eberhardstraß für des Keenigreich Preißen, so bisch Du für den »Arbeiter- ond Baurestaat« dr Chefideologe worde, dr Papst vo Pankow.

Uff dr oine Seit isch des scho a kolossale Ehr für ons, wenn die helle Sachse ond die schnellschwätzende Preiße ausgrechnet bei ons Wirteberger denke lasset. Andrerseits aber blamiersch Du au wieder onsern ganze Schwabeverei. Denn, Kurtle, onter ons, den Kurt lobet se afange nemme so. Em Gegedoil, se saget, Du seisch a Betokopf, a sturer Bock, a Fossil aus dr stalinistische Eiszeit, ond hoißet Di älles, bloß nex Rechts. Dui alt Kueh häb vergesse, daß se au amol a Kälble gwä isch.

Ond erst Dei saudomms Gschwätz, daß wenn dr Nachber Gorbatschow sei Haus renoviert, daß dr Honeckers Erich deswege no lang net sei Häusle au tapeziere mueß. Em Prinzip hasch Du ja recht, aber wenn's en dem Häusle halt meuchelet ond soichelet ond brändelet ond zom Drvolaufe isch, no sott mr halt vielleicht doch amol en Tapezierer komme lasse.

Mensch Kurt, jetz bisch 77 Jahr alt, ond seiet's no a paar Monat, a paar Jährle, no führet se au Di naus uff den Kommunistekirchhof Friedrichsfelde zo dere ganze verkommene Bagasch, zom Ulbricht, Pieck ond Grotewohl. Ond so wie des jetz aussieht, wird amol neamerts om Di heule, älle werdet se froh se, daß se Di endlich verscharre könnet, ond oms Nomgucke wirsch vergesse sei.

Ond Du woisch ja no aus Deire Zeit beim CVJM an dr Friedenskirch, was dr Paulus an die Korinther gschriebe hat, daß mir älle amol ens Gricht kommet, »auf daß ein jeglicher empfange, nach dem er gehandelt hat bei Leibesleben, es sei gut oder böse«. Jeremax, Kurt!

Ond Du kennsch doch onsern Herzog Ulrich vo Wirteberg ond woisch selber, was des für a Leutschender ond Geldverschwender, Mörder ond Dagdieb gwä isch. Wie dem 's Wasser am Hals gstande isch ond'r nemme nausgsehe hat, da hat der oifach anno 1514 den »Tübinger Vertrag« onterschriebe mit älle dene demokratische Freiheite, wo Deine Leut dohübe au gern hättet. Ond jetz guck na, wie dr Wilhelm Hauff ond ganz Wirteberg den Herzog Ulrich uff oimol hofieret.

Mensch Kurtle, jetz daß Dei Ländle 40 Jahr alt wird em rostige Stacheldraht, jetz sei halt so gscheit ond nemm Dein Betokopf ond sorg drfür, daß die Sachse ond Preiße, die Meckleburger ond Thürenger des alte guete wirtebergische Recht au krieget. Ond Dir werdet se no Denkmäler setze.

Ond nex anders dät Dir onser Freund ond Landsmann Bert Brecht garantiert au net rate. Ond moinsch net, daß onser schwäbischer Schiller au Di moint em »Don Carlos« III. Akt, X. Aufzug: »Ein Federzug von dieser Hand, und neu erschaffen wird die Erde. Geben Sie Gedankenfreiheit!«

So, jetz isch's an Dir, i han Dr's gsait, Du bisch alt gnueg. Wär schee, wenn dr alte Kurt wieder wisse dät, daß'r au amol a jongs Kurtle gwä isch. Ond onter ons, so a Schaas wie jetz gibt Dir dr liebe Heiland ond dr Karl Marx ond dui Klio bloß oimol em Lebe. Daß Du des kapiersch, des wönscht Dir mit einem schönen Gruß vom Nesebach an die Spree
Dein Schuelkamerad
Gerhard Raff aus Degerloch

»Sonntag Aktuell« vom 1. Oktober 1989

»Der Brief des Jahrzehnts!«

Albrecht Goes am 4. Oktober 1989

Hager fordert in Moskau Reformen

Schlagzeile am 11. Oktober 1989

Krenz – Ach du armes Deutschland, dachte ich, es geht also erst mal mächtig vorwärts nach hinten. Der blöde Krenz, der mieseste aller möglichen Kandidaten. Krenz, der versoffene FDJ-Veteran, der Jubelperser des Politbüros, der optimistische Idiot. Egon Krenz, das ewiglachende Gebiß. Warum nun Krenz? Warum nicht Kurt, der Tapeten-Hager, das weiß ich. Ihm haftet an, daß er in der Jugend mal Hegel gelesen haben soll. Kurt Hager galt in den 50ern mal als ein Intellektueller mit dem Hang zu liberalen Schwächeanfällen. Und so verkleidete er sich als Superdogmatiker, um sich vor den wirklichen Dogmatikern zu schützen. Aber dann wuchs die Maske ihm in die Haut ein, und das Ergebnis sehen wir.

Wolf Biermann am 18. Oktober 1989

Heimatland nomol!

Woiß überhaupt net, wase Euch heut älles verzähle soll. Han ja eigentlich an den Georg Elser erennre wölle, den schwäbische Schreiner ond Tüftler vo dr Heideheimer Alb ra, wo grad vor fuffzig Jahr em Bayrische, em Bürgerbräu dui Bomb eibaut hat. Dui wo, wenn se de Richtige verwischt hätt, dui ganz Welt vor soviel Jammer ond Elend ond Tod ond Teufel bewahrt hätt. Ben aber jetz grad direkt aus Berlin hoimkomme ond han des da älles aus nächster Nähe verlebt.

Han därfe beim »Verein der Württemberger in Berlin« den Festvortrag halte zor 120-Jahrfeier, statt'm Rommel, der hat koi Zeit ghet. Ond han deswege mei Gschwätz agfange wie der mit'me Bibelspruch. Ond was hätt da besser neipaßt wie dr Psalm 118: »Tut mir auf die Tore der Gerechtigkeit, daß ich dahin eingehe und dem Herrn danke.«

Ond no hane halt die berühmte Wirteberger en

Berlin älle uffzählt, vom Herzog Carl Eugen ond Claus Stauffeberg bis zom Hegel ond Kurtle Hager.

Ond ben no nadierlich au nübergfahre ond han wölle em Kurtle en Batsch gebe ond amol so richtig nalange, aber den hend se ja scho nadonkt ghet. Han no halt mit meim Vetterle Hegel gschwätzt ond a Weile mit meim Freund Bert Brecht uff'm Dorotheestädter Kirchhof glei beim Bahhof Friedrichstraß. Ond Ihr glaubet nicht, was die zwoi für a Freud ghet hend, endlich amol oiner, wo no schwäbisch schwätzt. Ond sogar vo Degerloch.

Ond han nadierlich au mitkriegt, wie die Leut endlich Hugoles machet mit dene SED-Sempel, wo jetz über 40 Jahr 's Michele mit'n triebe hend. Ond han, ehrlich wahr, koi Menscheseel troffe, wo den Krenze Egon mit seire doofe Feuermeldervisasch net für einen Hurgler ond einen dauben Seckel ghalte hätt. Ond onter ons, onsern Landsmann, den Markus Wolf, den Spionagechef, der wo en Stuegert ond Hechinge uffgwachse isch, den hend se ällesamt verfluecht, der häb soviel Dreck am Stecke ond Bluet an de Händ ond Leiche em Keller, da sei ihne ja dr Kurtle am Arsch no lieber wie der em Gsicht, dieser elende Trittbrettfahrer, des sei ein Wolf em Schafspelz.

Ond wo'ne no gfragt han, wen se gern vornedra han wölltet, hend se gmoint, sie wißtet's au net so recht, aber am liebste so oin wie dr Herr Weizsäcker.

Mensch Meier, daß mir da net scho lang druffkomme send: Schicket mir doch oifach, jetz daß die DDRler verreise därfet, den Arsch vo Krenze Egon mit'm Neckermann nach Mallorca, zu dene paßt'r intellektuell na, ond so ebbes wie seine FDJ-Menschle fendet'r da emmer no.

Ond onser ällerliebster Richard räumt sei Villa Hammerschmidt für die Übersiedler ond ziegt für die nächste zehn Jahr en sei Zwoitwohnong, ens Schloß Bellevue en Berlin, ond ka no äll Morge mit dr S-Bah ens Gschäft fahre. Ond em Jahr 2000 wär no a jonger Weizsäcker, vielleicht oiner vom Carl Friedrich zur Abwechslong, soweit.

»I have a dream!« Bitte, wer hätt denkt, daß mei Schuelkamerad Kurtle Hager, dieser bürokratische Betokopf, als Ällererster vo dene ganze Ostzonepolitbürotrieler Reforme fordert, kaum daß'r dui »Sonntag Aktuell« vom 1. Oktober 89 glese hat!?

»I have a dream!« Bitte, wer hätt denkt, daß sich dieser gottlose Kreuzgranatekrenzeegon sich uff oimol an den 118. Psalm halte dät, kaum daß i en Berlin 's Maul zuegmacht ghet han?! »Das ist vom Herrn geschehen und ist ein Wunder vor unseren Augen.« (Psalm 118, 23)

Ond drom moine halt, des mit onserm Freund ond Landsmann Richard, des wird no scho au no klappe. Heimatland nomol, wär des schee!

»Sonntag Aktuell« vom 12. November 1989

Anmerkung: Hier wurde erstmals in der gesamten Weltpresse ein Bundespräsident Weizsäcker für ein wiedervereinigtes Deutschland vorgeschlagen.

»Erst amol en scheene Grueß vom Necker an die Moldau, an den Sankt Nepomuk uff dr Karlsbruck en Prag, ond a Sträußle uff des Grab vom Jan Palach. Ond schee, daß des der Alexander Dubček hat no verlebe därfe. Drfür sott jetz den Scheißtschautschäßkuh dr Deifel hole, ond wer woiß, vielleicht isch der, wenn des Wasser, wo jetz grad aus'm Blautopf sprengt, dui Donau na isch, au voll de Bach na.«

»Sonntag Aktuell« vom 3. Dezember 1989

»En scheene Christtag, passet uff ond bleibet xond. Ausgnomme der Scheißtschautschäßkuh.«
[†25. Dezember 1989]

»Sonntag Aktuell« vom 24. Dezember 1989

Sensationelle Entdeckung

Dem international bekannten Schweizer Historiker Professor H. Selwyle-Moine von der Universität Appenzell, dessen inzwischen bewiesene Theorie einer chinesischen Urbevölkerung Schwabens vor Jahren weltweites Aufsehen erregte, ist es erneut gelungen, Wissenschaft und Öffentlichkeit durch eine sensationelle Entdeckung zur Stuttgarter Stadtgeschichte in gläubiges Erstaunen zu versetzen.

In dem nach fünfzehnjähriger Sperrfrist nunmehr der Forschung freigegebenen Nachlaß des unvergessenen »Bauernschultes« Dr. Arnulf Klett (†1974) fand der findige Gelehrte ein Objekt, das eine völlig neue Sicht des Ursprungs der Landeshauptstadt erzwingen und damit in letzter Konsequenz einen bereits von Hunz und Kinz verstopft geglaubten, neuen Markt für Stuttgart-Bücher erschließen wird.

Bei dem Objekt handelt es sich um eine römische

Terrakottascherbe (60 × 40 mm) mit Inschrift STVTTGA (zu ergänzen: RTIA), aufgefunden beim Bau der Tiefgarage unter dem Schillerplatz 1972.

Nach Untersuchung der Scherbe mit Hilfe der integrierten Radiokarbon-Methode (durchgeführt von Professor Lou G. Beytel, Institut für Materialermüdung an der Universität Etrecht/NL) wurde diese im frühen Spätsommer des Jahres 10 v. Chr.

in Häfner-Neuhausen (Casanova Figuli, Oberamt Nürtingen) gebrannt als Dachplatte für das Dienstgebäude des römischen Stadthalters in Stuttgart.

Damit muß die bisher gängige Auffassung von der Gründung unseres bürgerschaftlichen Gemeinwesens als Pferdegestüt um die Mitte des 10. Jahrhunderts, der ersten urkundlichen Erwähnung um 1160 und der Stadterhebung durch Markgraf Hermann V. von Baden-Backnang (!) in den ersten Regierungsjahren Kaiser Friedrichs II. von Hohenstaufen als wissenschaftlich nicht mehr haltbar und als von der neuesten Forschung überholt aufgegeben werden: Stuttgart, besser gesagt STVTTGARTIA, ist zweifelsfrei eine Römersiedlung.

Nach Auffassung des Appenzeller Gelehrten muß aus dieser Tatsache geschlossen werden, daß die Stiefsöhne des Kaisers Augustus, Drusus und Tiberius, 15 v. Chr. bei der Eroberung der Alpen und des Alpenvorlandes über die Donau und die Schwäbische Alb (Geislinger Steige?) bis in das Nesenbachtal vorgedrungen sind.

Mit dieser Erkenntnis klärt sich die jahrhundertelang, selbst von Geistesgrößen wie Gottfried Wilhelm Leibniz nicht gelöste Frage, warum ausgerechnet dieses hinterwäldlerische, abgelegene, gottverlassene Stuttgart und nicht etwa das höhenluftige Degerloch, das weltoffene Bad Cannstatt, das weltmännische Waiblingen oder das kaufmännische

Esslingen Hauptstadt des Landes geworden ist, auf geradezu genialisch einfache Weise.

Fürderhin muß nun auch der Hohn etwa der Cannstatter verstummen, sie häben bereits eine weltgeschichtlich bedeutsame Rolle im Römischen Reich gespielt, als der Stuttgarter Schloßplatz noch über ein Jahrtausend als Biotop genutzt und als Frischluftschneise für das untere Nesenbachtal betrachtet wurde.

Cannstatt, unter Kaiser Domitian etwa um das Jahr 90 n. Chr. gegründet, ist nach den überzeugenden Überlegungen von Professor H. Selwyle-Moine genau 100 Jahre jünger als die Mutterstadt, die statt der Olympiade 2000 nun ihr 2000jähriges Bestehen – und dies anders als Bonn – mit Brief und Sigillata Terra feiern kann.

Das Fundstück ist ab heute im Wilhelmspalais am Charlottenplatz (2. Stock) zu besichtigen. Von 11–16 Uhr wird Herr Dr. h.c. M. Rommel, University of Lower Missouri, historische Erläuterungen abgeben. Jeder 2000. Besucher erhält einen Freiflug Stuttgart – Rom. *(1. April 1990)*

Spätantiker Gmeinderat

Dem international bekannten Schweizer Historiker Professor H. Selwyle-Moine von der Universität Appenzell ist bei der Sichtung des Nachlasses von OB Dr. Arnulf Klett erneut ein sensationeller Fund gelungen, der weit über die Fachwelt hinaus für Furore sorgt und von grundlegender Bedeutung für die Darwinsche Evolutionstheorie des frühen kommunalen Parlamentarismus angesehen werden darf: eine spätantik-frühmittelalterliche Papyruszeichnung (190 × 155 mm) aus der Bibliothek des Benediktinerklosters Noix-des-Glaubinettes in der württembergischen Grafschaft Mömpelgard, beim Staatsbesuch General de Gaulles 1962 als Gastgeschenk nach Stuttgart gekommen.

Das Bild zeigt eine Gemeinderatssitzung im ältesten Stuttgarter Rathaus, wobei aus haushaltstechnischen Gründen Ratssaal und Ratskeller noch identisch sind. Die dendrochronologische Untersuchung des Balkenwerks ergab eine Bauzeit um das Jahr 390 n. Chr. Aus lichttechnischen Erwägungen blieb die Decke nach oben offen, dies vermutlich aber auch im Hinblick darauf, daß im Gemeinderat nicht immer die hellsten Mitbürger sitzen und diese wenigstens auf diese Weise einen gewissen Durchblick haben.

Der Schweizer Gelehrte deutet die »nesenbachantische Szene« als Auftakt einer Etatdebatte mit anschließender Kampfabstimmung. In der Mitte, leicht nach links tendierend, der Oberbürgermeister, an einem harten Knochen nagend und kaum über den leeren Tellerrand hinausblickend. Rechts die Fraktion der »Schwarzen« (so benannt nach dem Ruß des Herdfeuers), links die der »Roten« (Sonnenbrand). Im Mittelpunkt der Gegenstand der Beratung, die sogenannten Steuertöpfe. Trotz sportlicher Freizeitverkleidung sind zahlreiche Spießbürger anwesend.

Bei dem nach seinem Dienstherren schielenden, dem Betrachter seinen verlängerten, aber unbekleideten Rücken zuwendenden Jüngling im Vordergrund handelt es sich um den Amtsleiter der Abt. Ehrungen, Empfänge und Exzesse. Dank seines Knabenalters erfüllte er als einziger Bewerber die in der Stellenausschreibung im Amtsblatt erforderte Eigenschaft der Unbestechlichkeit.

Die beiden alles überragenden Personen rechts

oben sind Mitarbeiter des Amts für Stadtsicherheit und verstehen sich als Lanze und Schild der Parteien. Der als Zugeständnis an die Jungwählerschaft ins Kommunalparlament geratene Vertreter der »schwarzen« Jugendorganisation nimmt, wie deutlich zu sehen, den Mund etwas voll, während sein »roter« Kollege völlig an den Rand gedrückt und aus wahltaktischen Motiven auf dem Bild nicht mehr sichtbar ist. Nach den anatomischen Erkenntnissen des Appenzeller Professors handelt es sich bei dem Fraktionsvorsitzenden der Linken um eine Quotenfrau weiblichen Geschlechts, wobei man auch die nicht politisch, sondern genetisch bedingte unterschiedliche Hand- und Fußhaltung ihres rechten Gegenspielers zu beachten hat (Schwert!).

Bei den dem Oberbürgermeister scheinbar in den Rücken fallenden drei Damen handelt es sich um eine allegorisch-symbolische Darstellung der städtischen Frauenbeauftragten. Rechts in traditionell voremanzipatorisch-artgemäßer Position: Küche, Kinder, Kirche (Dutt!). Mitte: den aufrechten Gang übend. Links die postemanzipatatorische Phase: mit den Waffen einer Frau.

Bei den drei aus dem Hintergrund hereindrängenden Gestalten dürfte es sich zweifellos um die geschrumpfte und bei Personalentscheidungen gelegentlich übergangene Rathausfraktion der Liberalen handeln, vermutlich bei der Rückkehr vom Dreikönigstreffen. Jedenfalls läßt die für Parteispendenempfänger typische Handbewegung keine andere Deutung zu.

Also, bis hierher ist »alles erstunken und erlogen, und dafür gebe ich Ihnen und darüber hinaus der gesamten deutschen Öffentlichkeit mein Ehrenwort.« Richtig aber ist, daß dieses Bildle aus dem Jahre 1731 die älteste erhaltene und derzeit bekannte Darstellung einer schwäbisch-alemannischen Menschenansammlung ist. *(1. April 1990)*

Programm der Feierlichkeiten aus Anlaß der glücklichen Vollendung des 66,$\overline{6}$. Lebensjahres von Herrn Bernhard-Victor von Bülow – vulgo Vicco – – alias Loriot – am 13. Juli 1990

Einer der herausragendsten, dabei doch tiefsinnigsten Denker des Abendlandes, wenn nicht gar der Gegenwart, zugleich aber auch der genialste Sohn der Stadt Brandenburg an der Havel, feiert am 13. Juli 1990, und soweit bisher bekannt das erste Mal in der bald 600 000jährigen Geschichte der zweibeinigen Menschheit, das extrem selten begangene Jubiläum der glücklichen Vollendung seines 66,$\overline{6}$. Lebensjahres.
Im Auftrag des Europäischen Kuratoriums zur Chlorifizierung unkonventionellen Geisteslebens wurde im Einvernehmen mit dem Bundesbeauftragten für das Gratulationswesen im Kanzleramt das nachfolgende Festtagsprotokoll ausgearbeitet:

Le Loriot

Ammerland

04.00: Wecken des Jubilars BVvB
MESZ durch Gesangsdarbietung:
»Alle Vöglein sind schon da«
(Heinrich Hoffmann
von Fallersleben 1798–1874)

Ausführende: Schulchor des Eberhard-Ludwig-Gymnasiums zu Stuttgart
Leitung:
Annemarie Griesinger, Minister i.R.

04.05: Morgentoilette und Anziehen

04.08: Morgensegen
(D. MARTIN LUTHER 1483–1546)
Lesung
aus dem Herrnhuter Losungsbüchlein
Ausführender: BVvB

04.12: Frühstück im Kreise der Familie

04.20: Morgenruf
»Wenn ich ein Vöglein wär«
(LORE FOLK 1769–1832)

Ausführende:
Schulchor der Grundschule Ammerland
Leitung:
Rektor RAINER MARIA SCHNETZELGRUBER

04.25: Abflug im Hubschrauber
des Bundesgrenzschutzes (Typ Alouette)

Brandenburg/Havel

05.35: Landung in Brandenburg an der Havel, Marktplatz

05.38: Begrüßung
durch Herrn Oberbürgermeister NN, CDU

05.48: Ankunft vor dem Geburtshaus von BVvB

05.50: Gedenkminute aus Anlaß des
bis heute gelungenen Geburtsvorganges
vor 66,$\overline{6}$. Jahren

05.51: Lorbeerkranzniederlegung

05.55: Exklusiv-Interview mit Chefreporter
VIKTOR SCHMOLLER, Radio Bremen

06.20: Ankunft im Adolf-Hennecke-Kindergarten
(vorm. Königin-Luise-Krippe
bzw. Horst-Wessel-Hort)

06.21: Wiedersehensfeier und Frühschoppen
mit sämtlichen Altersgenossen

08.50: Abflug nach Berlin

Potsdam

09.05: Außerplanmäßige Zwischenlandung
in Potsdam, Park von Schloß Sanssouci
Kurzes zeitgemäßes Gedenken an
KÖNIG FRIEDRICH II.
und das Panzergrenadierregiment Nr. 3

09.20: Weiterflug nach Berlin

Berlin

09.35: Gedächtnisrunde über der Pariser Straße
und dem Hohenzollerndamm

Zehlendorf

09.50: Planmäßige Zwischenlandung auf dem Schulhof des Humanistischen Gymnasiums Zehlendorf zwecks Störung des Mathematikunterrichts und Erteilung von Hitzefrei

10.15: Weiterflug nach Schloß Bellevue

Schloß Bellevue

10.30: Festakt zur Verleihung der Großen Bundesverdienstkreuze aller Klassen mit Stern, Schulterband und Rückstrahler
Festansprache:
DR. RICHARD FREIHERR VON WEIZSÄCKER
Anschließend Überreichung des Ordens »Pour le mérite«

11.30: Spaziergang und Gedankenaustausch
mit dem Herrn Bundespräsidenten
im Park von Bellevue

11.31: Angebot des gegenseitigen »Du«

12.15: Gemeinsame Abfahrt vom S-Bahnhof
Bellevue zum Bahnhof Friedrichstraße

Mitte

12.45: Gemeinsames Mittagessen
in der HO-Gaststätte Chausseestraße:
Fleischroulade mit Spaghetti
Mitgebrachte Getränke:
Stuttgarter Kriegsberg 1941er Frühlese
Schwäbischer Most

13.05: Gemeinsamer Gang
auf den Friedhof
der Dorotheenstädtischen Gemeinde
an der Chausseestraße:
Besuch des Grabes des anderen
bedeutenden deutschen Philosophen
G. W. F. HEGEL (STUTTGART 1770–1832 BERLIN),
ebenfalls Schüler des
Eberhard-Ludwig-Gymnasiums.
Eventuelles Begießen der Grabstätte
je nach Witterungsverhältnissen

Kurzes Verweilen an den Gräbern von
BERT BRECHT (1898–1956),
HANNS EISLER (1898–1962) und
JOHANNES R. BECHER (1891–1958)
mit Rezitation der unsterblichen Verse:

Auferstanden aus Ruinen
und der Zukunft zugewandt,
laß uns dir zum Guten dienen,
Deutschland, einig Vaterland.

Alte Not gilt es zu zwingen,
und wir zwingen sie vereint,
denn es wird uns doch gelingen,
daß die Sonne schön wie nie
über Deutschland scheint.

13.55: Empfang durch sämtliche Corps-Studenten der Humboldt-Universität

14.00: Eröffnung des 1. Internationalen Loriot-Colloquiums der Akademie der Bildenden Wissenschaften und Künste

14.15: »Das schwäbische Connubium der preußischen Adelssippe von Bülow unter besonderer Berücksichtigung der Mendelschen Gesetze und der nachbismarckschen Heiratspolitik im Hause Hohenzollern«

Vortrag von Prof. Dr. Hansmartin Decker-Hauff, Eberhard-Karls-Universität Tübingen, Mitschüler am Eberhard-Ludwig-Gymnasium Stuttgart

15.00: »Multikausale Analyse des anarcholytischen Prinzips der ultraliberalsubversiven Elemente zum Paradoxon monarchophileptischer Poesie im frühen Spätwerk Loriots«
Vorlesungsdialog von Prof. Dr. Walter Jens, Tübingen, und Prof. Dr. Marcel Reich-Ranicki, Frankfurt

15.55: »Der Verdienst von Loriot an das deutsche Sprache in die Fernsehen«
Allocution von Prof. Dr. rer. oec. Jean-Jacques Giraud-Conteau, Sorbonne/Paris (mit Rücksicht auf die finanzielle Lage der ARD stark verkürzt)

Köpenick

16.00: Vorzeitiges Ende der Veranstaltung wegen Nichterscheinens des Referenten
Prof. Dr. Toto Tortellini, Universität Bologna, durch Streik der ALITALIA.
Der Ausfall seines mit Spannung erwarteten Referats »Kulturbetriebsnudel und

Ulknudel aus der Sicht cisalpiner, aber unverheirateter Gewerkschaftssekretärinnen nach Öffnung des transmongolischen Marktes für die Rohnudelerzeugung im Mezzogiorno« ermöglicht die kurzfristige Besichtigung des historischen Rathauses von Köpenick, zumal die beabsichtigte Verleihung eines Ehrendoktors der Humboldt-Universität wegen noch nicht erfolgter Säuberung des Lehrkörpers auf den 12. November 1993 verschoben werden muß.

Reichstag

17.00: Öffnung des Reichstagsgebäudes zum Empfang des Herrn Bundeskanzlers.
Strenge Personenkontrolle am Eingang als ABM-Maßnahme der BfA Nürnberg für arbeitslose Grenzorgane der vormaligen »DDR«.
Dabei kostenlose Ausgabe jeweils einer Doppelpackung »Oropax« pro Besucher.

17.20: DR. HELMUT KOHL, Oggersheim, wiederholt auf eigenen Wunsch seine allererste Neujahrsansprache als Bundeskanzler vom 1. 1. 1983.

Kaiser-Wilhelm-Gedächtniskirche

18.00: Verleihung der Ehrenwürgerbürde von Groß-Berlin und Klein-Stuttgart durch die Oberbürgermeister WALTER MOMPER, TONI SCHWIERZINA und DR. h.c. MANFRED ROMMEL

Schloß Charlottenburg

19.00: Erhebung des Jubilars in den erblichen Freiherrnstand wegen seiner herausragenden Verdienste um die Hebung des Ansehens des deutschen Uradels mit Aussicht auf weitere Standeserhebung in Gotha »Fürstliche Häuser III. Abteilung« bei

weiterer Bewährung und satzungsgemässem Erreichen des 111. Lebensjahres.
Celebration:
S.M. Prinz Louis Ferdinand von Preussen
S.K.H. Herzog Albrecht von Bayern
S.K.H. Herzog Carl von Württemberg
S.K.K.H. Dr. Otto Habsburg-Lothringen

19.45: Kurzer Imbiss im Restaurant »Wienerwald«, Charlottenburg

20.00: Besichtigung des Berichts der »Tagesschau« über den bisherigen Verlauf der Feierlichkeiten

20.07: Verlassen des Lokals in Richtung Philharmonie

Tiergarten

20.30: Festliches Geburtstagskonzert zu Ehren des Jubilars BVvB in der Philharmonie

Ouverture zu »Carneval der Amöben«
(Hyacinthe de Nonsaëns 1833–1844)
Heterophilharmonisches Orchester Berlin
Gastdirigent:
August Evergreen, München

»Rotdeppchen und der Stasi-Wolf«
Unvollendetes Bubenstück mit Eiertanz
von Erich Mielke und Igor Schlawienskij
Deutsches Fernsehballett
Leitung: Karl-Eduard von Schnitzler
Choreographie: Franz Beckenbauer

»Dideldudeldadelduliö!«
»Holorio. Husassa!«
Klassische Jodelstücke vorgetragen von staatl. gepr. Absolventen der Diplomjodelschule Liliencron, Lichterfelde

»Ammerland, du bist mei Freud!«
Uraufführung
der »Hymne an die Neue Heimat«
*(Ralph Maria Segel *1902)*
Erstmals: Das Naabtal-Trio mit Heino

Sponsoring:
Daimler-Benz AG, Potsdamer Platz
Dieter Ertel, ARD-Vorsitzender
Erwin Lindemann, Rentner, Gelsenkirchen
Henri Nannen, Galerist, Emden
Bundesverband Deutscher Mopshalter (BDM)
Kommunale Interessengemeinschaft Ostelbisch-Westfälischer Nashornzüchter

Walhalla Inv.-Nr. 653 (Beuys/v. Bülow 1972)

Schöneberg

22.30: Dankesrede des Jubilars BVvB
vom Balkon des Schöneberger Rathauses
mit abschließendem Bekenntnis
zu Berlin als Bundeshauptstadt

22.50: Abflug des Hubschraubers aus Berlin

Die anschließend vorgesehene feierliche Enthüllung der von PROFESSOR JOSEPH BEUYS geschaffenen Loriot-Büste in der nächtlichen Walhalla muß wegen zwingender (aber entschuldigter) Abwesenheit von MINISTERPRÄSIDENT DR. h.c. MULT. FRANZ JOSEF STRAUSS auf einen späteren Zeitpunkt verschoben werden.

Ammerland

23.48: Ankunft in Ammerland
Verabschiedung
des Herrn Bundespräsidenten
Rückflug nach Berlin

23.52: »Schlafe mein Prinzchen, schlaf ein«
Ausführende:
Männergesangverein Starnberg 1789 e.V.
Leitung: Professor GOTTHILF FISCHER

23.57: Abendsegen
(D. MARTIN LUTHER 1483–1546)
Ausführender: BVvB

23.59: Nachtruhe

14. Juli 1990 bis 12. November 1993

Defilee der Gratulanten und noch ungezählten VerehrerInnen des Meisters (darunter: 567 Straßenbahnschaffner, 678 Gymnastiklehrerinnen, 890 Bierkutscher, 1987 Gerichtsvollzieher, 321 Staubsaugervertreter, 175 Maskenbildnerinnen, 2783 Bahnhofsvorsteher, 845 Konsistorialpräsidenten, 12 735 Schankwirte, 22 Bürstenbinder, 2312 Bezirksschulräte, 111 Kochbuchhersteller, 8295 Ministerialdirigenten, 55 Gesangbuchlektoren, 1510 Feldschützen, 3105 Opernsängerinnen, 3631 Zeitungszustellerinnen, 57 Luftschiffer, 807 Feuerwehrkommandanten, 1953 Säuglingsschwestern, 182 Kammerjäger, 291 Stehgeiger, 21 Nobelpreisträgerswitwen, 311 Brezelbäcker, 268 Orgelvirtuosen, 432 Lungenfachärzte, 667 Gasmänner, 871 980 Hausfrauen mit Abitur, 83 Gsälzfabrikanten, 2345 Oberposträte Bes.-Gr. DIN A IV).

Der Engel von Degerloch

Hatte der Poet des vergangenen Jahrhunderts noch aufrichtigen Herzens behaupten können: »Der schönsten Löcher eines ist doch Degerloch«, so hat unser fortschrittliches Saeculum sehr viel von dieser Schönheit vernichtet. Haben doch an Westwallbunkern geschulte, hochdotierte und vollbeschäftigte Nullästheten, die wegen permanenter Beleidigung des menschlichen Auges zu lebenslänglich Steinbruch verknackt gehörten, unübersehbare, grausame Spuren ihres Nichtskönnens hinterlassen.

Und wer noch einen Hauch jener entschwundenen Schönheit dieses einst als »schwäbisches Fiesole« gepriesenen Ortes verspüren möchte, muß schon zu alten Bildern und Photographien greifen. Und so war es schon ein seltener Glücksfall, daß dieses alte Ölgemälde mit eingebautem Ührle und Stundenschlag nach über 150 Jahren wieder an seinen Heimatort zurückkehren durfte.

Keine Signatur verrät uns den Namen des Künstlers dieser Kostbarkeit; es war sicher keiner von der Akademie, vermutlich war es jemand aus dem Freundes- oder gar Familienkreis des Auftraggebers und ersten Besitzers, des Herrn Magister Friedrich Heinrich August von Georgii (1752–1834), der 37 Jahre lang segensreich seinen Pfarrdienst in dem Filderdorf ob der Steig versehen hat, und aus dessen kinderreicher Familie so viele bedeutende Württembergerinnen und Württemberger hervorgegangen sind.

Für die Degerlocher ist es die älteste derzeit bekannte Ansicht ihres Fleckens, denn obwohl kein Geringerer als der Dichter Robert Musil »das reizende Dorf, das, wie auf einem Baumwipfel sitzend, auf die Stadt hinabsah«, gerühmt hat, hat es die bildenden Künstler erst sehr viel später in diesen »Höhenluftkurort« gezogen: Ein Adolf Hölzel und seine Schülerin Ida Kerkovius haben hier gelebt und sind hier begraben worden.

In der Bildmitte das stattliche Pfarrhaus, das Georgii 1801/02 erbauen ließ, um es ein Jahr später an den Staat des dicken Friedrich abtreten zu müssen – deshalb bis zum heutigen Tag das gußeiserne Königswappen über der Eingangstür. Dann das Backhäusle, davor die multifunktionale »Pfarrwette«: Feuerlöschteich, Viehtränke, Kinder- und Entenfreibad. Auch sie verschwunden, seit die frommen Vettern Ehmann, diese leider fast vergessenen Wohltäter Württembergs, der Wassernot auch dieses Dorfes ein Ende gemacht haben. Links die Abendsonnenseite des Rathauses, dessen Fachwerk vor anderthalb Jahrzehnten leider wieder verputzt wurde, weil es »nach Ansicht von Fachleuten« ja »niemals freigelegen« hat . . .

Daran angebaut die Kelter, die dem Wengerterdorf in guten Jahren ein bißle Wohlstand gebracht hat. Und dann das Mesnerhäusle mit integriertem Plumpsklosett.

Und auf dem jetzigen Marktplatz die biedermeierlichen Degerlocher, das Bauernmädle, das die Kühe von der Tränke in den Stall heimführt, der

Wengerter mit seinem »Kräben« auf dem Buckel, der vom Schaffen ausschnaufen und ein Schwätzle halten oder gar anbandeln will, beide in der schönen Fildertracht. Dann der Gänsehirt, ist's am Ende der arme Wengertersbub Christian Böhm, der es dereinst noch zum livländischen Kultusminister bringen wird, so wie ein Herr Fichte einst auch mal als Gänsehirt angefangen hat?

Und dann die vornehmen Residenzler mit dem gscherten Pudelhund. Sind's die ersten Vorläufer jener Hautevolee, die sich später in der Villenkolonie am Waldrand ansiedelt, vom Werner von Siemens, dem »Elektrischen«, über den Herzog Philipp von Württemberg bis hin zu den Daimleröbersten?

Nicht genug, daß sie den Bauern ihre abgelegenen Stückle für ein Nasenwasser abflauchen, sie sorgen dann auch dafür, daß der Ort anno 1908 nach Stuttgart eingemeindet wird, was die Ureinwohner bis heute seelisch noch nicht so recht verkraftet haben.

Dort draußen »uff dr Villa« übrigens, wo heute die vornehmen Herrschaften wohnen, und sich nur noch mehrfache Millionäre ein Häusle kaufen können, hatte Anfang Mai 1525 der Jerg Ratgeb die aufständischen Bauern versammelt, und von dort aus ist der verlorene Haufe in seinen Untergang, in die Schlacht bei Böblingen gezogen.

Jetzt aber die Hauptsache, die alte Kirche, die »der schwäbische Leonardo da Vinci«, der herzogliche Baumeister Heinrich Schickhardt, am Beginn des Dreißigjährigen Krieges erbaut hat. Den wurmstichigen Fachwerkglockenturm hatte man 1829 abtragen müssen und durch einen neuen steinernen Turm im »königl. württ. Finanzkammerstil« ersetzt. Und anders als etwa die Cleversulzbacher im Unterland haben sich die Degerlocher einen Engel auf ihre Kirchturmspitze gestellt, nach Psalm 91, Vers 11: »Denn er hat seinen Engeln befohlen über dir, daß sie dich behüten auf allen deinen Wegen.«

Aber dann hat das romantische Kirchle den reigschmeckten Neodegerlochern nicht mehr gefallen. Und der Dichter des zweiten und dritten Verses von »Muß i denn, muß i denn zum Städtele hinaus«, der Heinrich Wagner, hat es gar als »von einem Tempel eins der garstigsten Exempel« beschimpft. Und man hat's halt abgebrochen und den berühmten Baumeister Leins und seinen Schüler Dolmetsch, beide aus dem Bohnenviertel, der eine ein Steinbrecher- und Wengertersohn, der andere ein Bäckersbub, mit dem neoromanischen Neubau beauftragt. Und als der 1890 vollendet war, hat der alte König Karl und seine ihm angetraute Zarentochter Olga Nikolajewna eine wunderschöne Glocke in den Turm gestiftet. Anno 42 hat man sie dann für Kanonen gegen Rußland eingeschmolzen.

Jetzt den alten Engel, den hat der Flaschnermeister Neef, der den neuen Gockeler auf den Kirchturm liefern durfte, aus lauter Pietät auf das Dach seiner Hinterhofwerkstatt gestellt. Und dort hat er all das Elend der beiden Weltkriege, alle Bombennächte und die frühen Wirtschaftswunderjahre heil überstanden. Seit zwanzig Jahren aber ist er einfach fort. »Des alte Glomp han i em Alteisema mitgebe«, so der Sohn des Flaschners.

Und ganz unter uns, auch wenn's theologisch nicht ganz einwandfrei ist, seither ist dieses Degerloch »nemme dees«, wie jeder Benutzer der Neuen Weinsteige, und sei's der Hua Guo Feng oder der Herr Gorbatschow, traurigen Auges feststellen kann. *(1990)*

Schwäbische Liturgie

Hochzeit	Begräbnis
Äckerle zu Äckerle	Erde zu Erde
Gerstle zu Gerstle	Asche zu Asche
Sach zu Sach	Staub zum Staube

Baiern, Bayern & Schwaben

In unserer heutigen Zoologiestunde wollen wir uns dem unmittelbaren östlichen Nachbarn unseres schwäbischen Stammes zuwenden. Es handelt sich im vorliegenden Falle um jenes urwüchsige, trotz partieller Zähmung durch die christkatholische Kirche immer noch wilde, aber gutartige und für jedes Trinkgeld und aufmunternde Wort dankbare Bergvolk der Baiern, das sich bis zur Erfindung des Länderfinanzausgleichs hauptsächlich von Bier, Rettichen und durchreisenden Wanderern ernährte.

Die Baiern oder Bajuwaren, wie die antiken Skribenten sagen, sind nach übereinstimmender, aber neuerdings umstrittener Auffassung der Geschichtswissenschaft ein Volk von zweifelhafter Herkunft und dunkler Vergangenheit, wobei namhafte Forscher die Meinung vertreten, daß sich ums Jahr 500 n. Chr. unter Anführung eines aus Böhmen stammenden Trachtenvereins die Volkstanzgruppen zahlreicher anderer, zumeist germanischer Stämme im Bewußtsein ihrer gemeinsamen Wertschätzung von Dirndl und Lederhose zu einer Folkloretournee im Rahmen der Völkerwanderung zusammengefunden haben.

Mangels zahlenden Publikums – die Römer waren ihnen davongelaufen und Radio und Fernsehen übertrugen noch keine volksdümmliche Muhsik – fehlte der Gastspieltruppe das Geld zur Heimreise, blieb sie auf ihren Koffern sitzen und mußte in dem durch sie akustisch entvölkerten Raum Wurzeln schlagen.

Für diese Theorie eines multikulturellen Ursprungs der bairischen Nation spricht nicht zuletzt die noch heute gebräuchliche supralinguistische Kommunikationsmethode des Jodelns, bekanntlich eine Frühform des Esperanto.

Wir müssen allerdings streng unterscheiden zwischen dem heutigen Freistaat Bayern, der unter dem Patronat der hl. Jungfrau (»Patrona Bavariae«) von Franken verwaltet, von Schwaben finanziert, von den Altbaiern unter widerwilliger Duldung der zugereisten Südpreißen bewohnt wird. Und dem Stammesgebiet der Bajuwaren, welchselbiges sich ja bis zu den Karawanken und Dolomiten erstreckt, also auch Österreich samt beider Tirolia, nicht aber das schwäbische Vorarlberg, umfaßt.

Das bayrische Freistaatswesen, das seine Existenz

und Ausdehnung Talleyrands Bestechlichkeit und der weitgehenden Übereinstimmung der Wittelsbacher mit den Bonapartes in der Bildungspolitik (»Wir brauchen keine Gelehrten, wir brauchen Soldaten!«) verdankt, interessiert uns hier nur insofern, als nämlich dessen westliche Provinz, der »Regierungsbezirk Schwaben« mit der Hauptstadt Augsburg, als urschwäbisches Siedlungsgebiet unter Napoleon wider alles Selbstbestimmungsrecht der Völker, insbesondere die UN-Charta und die KSZE-Beschlüsse, völkerrechtswidrig unter bayrische Herrschaft gezwungen wurde.

Und da nach allgemeiner und landläufiger Auffassung der Balkan bereits kurz hinter Ulm beginnt, wäre jetzt die historische Stunde gekommen, daß unsere schwäbischen Schwestern und Brüder dem Beispiel anderer unterdrückter Völker des Ostens folgen und sich vom fremden Joch befreien, von München lossagen, auch wenn selbiges von einem Schwaben namens Heinrich Welf alias Löwe zur Stadt gemacht wurde.

Zum Zwecke der Rückgabe der unter bayrischer Verwaltung stehenden schwäbischen Ostgebiete bräuchten lediglich die vorhandenen Emailleschilder mit der Aufschrift »Freistaat Bayern« von der württembergisch-bayrischen Landesgrenze auf die schwäbisch-bairische Stammesgrenze, also die Linie Hesselberg-Wörnitz-Lechtal, vorverlegt werden.

In diesem Sinne tätige Bürgerinitiativen und Freiheitsbewegungen können mit namhaften Zuschüssen aus dem Stuttgarter Staatsministerium rechnen, da im Erfolgsfalle die absolute Mehrheit der derzeitigen Regierungspartei über das Jahr 2050 hinaus gesichert wäre, und die Wahlkampfkosten für die bevorstehende Landtagswahl bereits für sinnvollere Aufgaben verwendet werden könnten.

(1991)

Sär gehärter Herr R. Aff, ... loch!

Dank des fon Schwaben vienantsirten Alfabettisirunzebrokrams der Bayer. Stazregirung kan ich nahmens dersälbigen in Irrer Ordokravieh zurigschlaken.

<u>Also Numer oans</u>: Die napoloneische Okukpazion des Rehgirunzebetsirze Schwaben durch das Kinigreich Bayern is nach Barakraf 8 des Präß~~wurster~~burger Fridenz fölkerechzmäsig. Un da wo unzer Kini Ludwig sälig seine Gk Gk Gschlösser hienbaud, da is audomadisch Bayern. Host mi?!

<u>Un zwoatenz</u>: Unzre Witelsbacher haben plos aus gesuntheizpräserfatiefen Motiefen in irrer Büldunzebolitick den in Jarhunterden bewärden Krunzaz „Sei schlau, pleip dum!" bragdizirt zwäx Färhünterung fon Magengeschwiren un Neirosen bei irren Underdanen.

<u>Tritenz</u>: Is es dotal unfär un unlauderer Wedbewärb, wen es in Würdemberg so fiele intelikende Kinder aus Bfarhäusern gipt, alderweil bei unz in Bayern der Kleerus dailweise doch rächt scharffen Vortbflansunzbeschrängunken underworffen is durch den Sankt Coelibatius. So san mir mangelz Bfarerskinder forlaüffig noch auf Mezgerskinder (F.J. Strauß, Max Greger, Uli Hoeneß) ahngewisen, um die Spizenbosizionen in Stat un Geselschafft besezen zu können. Aber dös is unz Wurscht!

Mit schwäbischem Krusz

Dr. h.c. Josef Filser jun. MdL.

Barlamendarischer Stazegredär
im Bayer. Kuhldusministärium

Praeceptor Sueviae

Am vergangenen Dienstag wurde auf dem Degerlocher Waldfriedhof der nach langer Krankheit zwei Monate vor seinem 75. Geburtstag verstorbene Professor Dr. Hansmartin Decker-Hauff zu Grabe getragen. Wer das Glück hatte, ihn in seinen Glanzzeiten zu erleben, weiß, was das Württemberger Land mit ihm verloren hat: den begnadetsten Rhetoriker schwäbischer Zunge seit dem Tode Abrahams a Sancta Clara; den profundesten Kenner der südwestdeutschen Geschichte und Landschaft; den charmantesten und brillantesten Professor der fünfhundertfünfzehnjährigen Eberhard-Karls-Universität zu Tübingen; und einen liebenswürdigen Menschen, von dem ich in dem Vierteljahrhundert, in dem ich in seiner Nähe sein durfte, nie ein böses Wort gehört habe.

Es stimmt schon, er konnte reden wie der Caruso singen, und es ist kein Wunder, daß ihn seine Student(inn)en geschätzt und verehrt haben wie keinen zweiten Hochschullehrer, daß sie aus allen Fakultäten buchstäblich an seinen Lippen hingen und leibhaftig zu seinen Füßen saßen, daß sie ihn neben Albert Einstein für den gescheitesten Landsmann seiner Zeit gehalten haben: »Also gwieß wahr, der Ma, der woiß älles, der hat a Hirn wie a Euter, da send mir andere älle Bachel drgege, so gscheit isch der.«

Ihm genügte schon der Nachname und die Nasenspitze, um einem nachzuweisen, daß man ein Vetterle oder Bäsle von Hölderlin, Hegel, Heuss, Weizsäcker oder gar von der Grace Kelly war. Oder das Wieviel-Mal-Urenkele vom Grafen Ulrich dem Vielgeliebten, Eberhard im Bart oder dem Herzog Carl Eugen.

Und wieviel tausend schöne Geschichten hatte er im Kopf, nie wurde es einem langweilig, nie wähnte man sich auf einem Historikerkongreß, wo ein Fachidiot gegen Bezahlung andere Fachidioten einschläfern darf und wo der Schlußbeifall entweder 1) als allgemeines Wecksignal oder 2) als Reanimationsgymnastik oder 3) als Ausdruck der Dankbarkeit a) für die genossene Ruhe oder b) fürs Aufhören gewertet wird.

Und drum konnte er sich auch vom Katheder weg vor die normalen Leute trauen und hat landauf, landab in Kirchen und Rathäusern, in Turnhallen

und Bierzelten ein demographisch sehr durchwachsenes Publikum mit seinen frei gehaltenen, druckreifen Festvorträgen begeistert.

Und er verstand es, in so schöner Sprache und so demokratisch zu reden, daß er die abgeschaffte Bedienung ebenso faszinierte wie die Frau Studienprofessor, und den Herrn Straßenwart ebenso in seinen Bann zog wie den Herrn Landrat.

Und das haben dann auch die Leute vom Fernsehen gemerkt und ihn in »Südwest 3« seine »Frauen im Hause Württemberg« vorführen lassen. Und als die ihm ausgegangen waren und auch noch die von ihm in Trient entdeckte Stammutter Irmgard von Ulten und Eppan abgedreht war, fuhr er einfach weiter in den Süden. Und diese wunderschöne Fernsehserie »Gärten und Schicksale« ist als Buch erschienen, und das erste Exemplar durfte er noch kurz vor seinem Tode in den Händen halten. Was als Geburtstagsgabe gedacht war, ist nun zum Abschiedsgeschenk geworden.

Völlig erblindet und nur noch ein Häufle Elend, aber bis zuletzt bei glasklarem Verstand hat er den Tod herbeigesehnt mit den Worten seines Ahnherrn und Lieblingsherzogs Christoph von Württemberg: »Ein kühl Erdreich wird mein Doktor sein.«

(12. April 1992)

Ländle im Schwabenalter

Wie selbichsmol die tausend braune Jahr ond der grausige Krieg endlich vorbei ond die Ami ond Franzose eimarschiert gwä send ond des Wirteberger ond Badener Ländle am Bauchnäbele durchgschnipfelt ghet hend, da hätt doch koi Mensch ond koi Sau denkt, daß mir, nach ällem, was passiert isch, wieder so schnell d'Gosch uffmache därfet ond en Krattel kriege.

Ond an some Jubeltag därf mr ruhig au amol em Hirn romwärgle, wie des wohl gange wär, wenn die Ami des Atombombeglomp scho a halbs Jahr früher erfonde ghet hättet, oder wenn se des mit dem Morgenthau-Pla statts mit dem Marshall-Pla gmacht hättet. So schee des ja gwä wär, wenn die ganze Betobachel onter dene Schultes ond Gmeinderät bloß mit dr Mistgabel hättet schaffe därfe, aber mir hättet hente ond vorne nex zom Nage ond zom Beiße ghet, bräuchtet heut koine Abmagerongskure ond hättet vielleicht a bißle weiter Verständnis für die Hongerleider en äller Welt.

Aber wege dem »Uncle Joe«, von dem dr Sir Winston Churchill gmoint hat, mr häb de falsch Sau gmetzget, hat dr »Uncle Sam« sich anders bsonne ond ons Freiheit, Demokratie ond a volls Portmonnee gschenkt. Ond wenn mr sich die gegewärtige ond zukünftige stromlinieneinförmige Windkanalarbeiterpolitikergeneration so aguckt, no mueß mr dene Ami (ond ons) doch direkt gratuliere, was für rechte Kerle sie seinerzeit für ons als Obrigkeit aus dem verlorene Haufe rausgsuecht hend: En Ma wie den Theodor Heuss beispielsweis, des Goldstück, ond des sage net bloß, weil der a Vetterle ond vo Degerloch isch. Oder en Ma wie den Gebhard Müller, uffrichtig, aständig ond gscheit, ond sparsam bis dortnaus für d'Leut. Also ehrlich, so Säutreiberschulde hätt's bei dem net gebe, der hätt sich vorher ja uffghenkt. Oder en Ma wie den Reinhold Maier, den Fuchs aus'm Remstal mit seim Wengerterschädel.

Älle drei send se no beim letzte wirtebergische Keenich ond'm Großvatter Weizsäcker en d'Lehr gange, ond dort hend se glernt ghet, was Demokratie isch. Jetz die Franzose, die hend, jedefall sogar mit Fleiß, a bißle arg drnebeglangt ond so a Male wie den Schuelmoister Leo Wohleb vornenagsetzt. Ond der hat doch tatsächlich den badische Staat mit seire Bananeform wiederherstelle wölle, ond des mit älle miese Mittel.

Ond als alter Wirteberger därf mr des doch zur Feier des Tages endlich amol sage, daß mir's, wenn der gwonne hätt, viel, viel scheener ghet hättet: Anno 66 wär onser lieber Richard Ministerpräsident worde ond net der wegen Gedächtnisschwäche au no mit dem Professertitel versehene Herr F. Ond als Umweltminister hättet mir statts dere Vetterleswirtschaft den Erhard Eppler kriegt. Ond die Badener hättet en Herr Hippenstiel-Imhausen als Wirtschaftsminister ghet. Ond onser ganz Gerstle hättet mir für ons bhalte därfe, wie jetz, wenn der hurglige Honeckerich no dra wär.

Aber mir fromme Wirteberger, mir wisset ja seit'm Columban, Pirmin ond Herzog Christoph,

Südwestdeutsche Brautwerbung

daß mir älle Kinder eines Vatters ond einer Sonne ond einer Erde send, ond deswege zahlet mir ja au so gern wie mir schaffet. Aber wenn des tatsächlich stemmt, was viele saget, aber koiner schreibt, daß nämlich der Herr Wohleb en den Armen einer von onserm Geld entlohnten Courtisahne selig ond sanft entschlafen isch, so därfen wir doch mit dem alte Kirchelied vom Paul Gerhardt sagen: »Leo Wohleb, wer so stirbt, der stirbt wohl.«

Ond nomol ebbes: Wenn mr des so mitkriegt, wie sogar ond ausgrechnet en dem urdemokratische ond liberale Deutschsüdwestgermania emmer weiter Leut dui Demokratie nemme als Gottesgeschenk ond Wohltat für dui Menschheit agucket ond wieder en den braune Scheißdreck neilanget (ond die Demokrate emmer no net merke wöllet, daß mir en dem zuebetonierte Ländle net zwenig Wohnonge, aber zviel Leut hend), no könnt mr grad schwermüetig ond hentersennig werde. Ond als Trost hane Euch bloß den klassische Satz, wo der Reinhold Maier gsait häb, wie die Ami emmer so do hend, als hättet sie dui Demokratie erfonde ond mit Löffel gfresse ond mir wäret lauter Halbwilde: »Ihr Heilandsblitz, Ihr siediche, was wöllet Ihr denn eigentlich, mir hend en Wirteberg scho en Landtag ghet, da isch Euer Columbus no uff'm Scheißhäfele ghockt!«

(1992)

Trolliges

Heut vor 15 Jahr hat sich dr Thaddäus Troll 's Lebe gnomme. Ond wie naidich könnt mr den brauche, daß'r dere habgierige Bagasch ond dene Bachel, wo dronternei ällemol überall vornedra hocket ond onser Ontergang send, amol so richtig de Rost radät. Der hat's no därfe, aber au erst, seit'r anno 66 sein »Deutschland deine Schwaben« gschriebe ghet hat. Ond seiterher hat er nalange därfe, ond onsereins »brauchte sich nicht mehr länger schämen, als Schwabe geboren zu sein«.

I han ihn möge, seit i als jonger Kerle sein »Schweijk« em Theater gsehe han. Er hat mi möge, seit'r mein »Gottlieb Daimler« (jetz em »Hirn I«, S. 23) glese ghet hat. Ond hat mi eiglade en sein Schriftstellerverband, ond seit den »Iden des März MXXVM« send mir ein Herz ond eine Seele gwä ond hend mitnander gschirret.

I ka nex drfür, aber bald druff hat'r a Gelbsucht

kriegt ond isch ens Bürgerspital en Quarantäne komme. Ond wien'en bsuecht han mit'me Sträußle Rose, wo scho onterm Napoleon en onserm Gärtle blüeht hend, da hat'r beim Adesage gmoint, i soll doch wie dr Pontius Pilatus meine Händ wäsche en dere Schüssel mit Sagrotan. »Ach Herr Dokter Bayer [mir send no per »Sie« gwä], wenn i von Ihne a Gelbsucht kriege dät, no wär des doch grad so schee, wie wenn a Mädle a Kend kriegt vom Roy Black.«

Ond weil'r's ogschafft net ausghalte hat (»Faulenze ka mr no, wenn mr em Sarg romstrackt«), hat'r en seire »Matratzegruft« den »Geizige« vom Molière ens Schwäbische übersetzt. Ond dui Urfassung vo seim »Entaklemmer« hat'r mir zom Korrigiere mitgebe. Ond zom Dank für des scheene Gschäft hat'r den Geizkrage en dr Endfassung schreie lasse, daß ganz Degerloch verhaftet ghairt. Ond so isch der Flecke 's erstmol seit'm Mörike ond'm Musil wieder en dr Weltliteratur ufftaucht.

Nach alter Tradition en Wirteberg hend se den »Entaklemmer« (Titelrolle: Martin Schwab, jetzt Burgtheater Wien) em Blättle total verrisse, aber je weiter weg vo Stuegert, desto ärger hend se'n globt, ond dieser »Trollière« wird de Leut no a Freud mache, da duet onsere Urenkele koi Zah mai waih.

Weil'r mi so möge hat (daß'r mi sogar hat adoptiere wölle), hat'r mi au mitgnomme zu seine Lesunge, der hat ja ganze Turnhalle gfüllt. Ond han

därfe zehn Minute lang des Volk warmschwätze, ond no isch dr große Matador drakomme. Ond des hend mir »Känguruh-Verfahren« ghoiße, ond so hat'r au no andere »latente Talente« mitgnomme ond hochkomme lasse.

Den Stempel »Exilregierung Degerloch«, wo vorne ens Buech neidruckt isch, den hat er mir gschenkt, ond als alter Cannstatter hat er sein Bestseller signiert »Meim alde Freund Gerhard, dem wo sei Degerloch grad so vo dene Sau-Stuegerter verkasematuckelt wird wie mei liabs Cannstatt«. Ond mir hend mitnander ausgmacht, an dem glückliche Tag, wo sei Stadt ond mei Flecke wieder frei sei werdet (»wie die Väter waren«), da kriegt Cannstatt en Quadratmeter Degerlocher Wald gschenkt, ond mir en Quadratmeter Neckerufer.

Ond als Freund vom letzte Keenich (er hat ihm zom 130. Geburtstag en Kranz uff's Grab glegt »Dem wahrhaft liberalen Landesvater. Seine getreuen Württemberger«) hat'r mir ufftrage, daß wenn i amol je ebbes Wüeschts über den »Demokraten auf dem Königsthron« hör oder les, daß i dem Dackel ois an Backe naschlage soll mit'me scheene Grueß vom Thaddäus Troll.

Daß'r mit dr Zeit emmer schwermüetiger worde isch, han i en dr Blendheit net gmerkt ond hat er nie gsait, bloß die ekelhafte Brief hat'r mr zeigt, wo ihm so anonyme Drexäu emmer gschickt hend. Ond i han en dere Zeit en Dibenge glebt (ond »mich als Hochfürstl. württ. Leichenbeschauer, Tarifgruppe Null, mit der Menschheit bloß noch in hochadligem und verwestem Zustand abgegeben«). Ond an dem erste Julisonntich anno 80 hat mi dr Pfarrer vom Erwin Teufel seire Hoimet no gfragt, wie mr denn als freier Vogel so durchkomme ka, ond i han gsait, dr liebe Gott ond dr Thaddäus Troll wird scho schützend d'Hand über mi halte, da hat'r scho nemme glebt.

Ohne ihn hätt i mi meiner Lebtag koi Zeile schwäbisch schreibe traut, ond vor jedem Gschichtle frag i mi au heut no wie d'Maria Theresia, was dät au der Schlözer Troll drzue sage. Ond er hat emmer gsait, daß mr koim Arschloch flattiere soll, sondern a Arschloch a Arschloch hoiße soll, wenn's a Arschloch isch, au wenn's Nachtoil brengt.

Der Dr. Hans Wilhelm Bayer, Seifensiedermeistersohn aus Cannstatt, hat sich »Thaddäus Troll« ghoiße, »um in alphabetisch geordneten Bücherschränken links neben Kurt Tucholsky zu stehen«. Ond i han ihm scho ewig versproche ghet, wenn i amol a Pseudonym brauch, no hoiß i mi »Theodosius Trulla-Trullala, um in alphabetisch geordneten Bücherschränken zwischen Thaddäus Troll und Kurt Tucholsky zu stehen«. Wie onser Heiland auf Golgatha. *(1995)*

Kehrwoche

Entgegen der blödsinnigen Behauptung hergelaufener Industrienomaden ist die Schwäbische Kehrwoche weder eine ortsübliche fundamentalistische Nationalreligion noch Ersatzbefriedigung für frustrierte Putzteufel, sondern eine von Graf Eberhard im Bart (dem der Vater und der Großvater an der Pest weggestorben waren) verfügte, in fünf Jahrhunderten bewährte seuchenhygienische Präventionsmaßnahme nach dem ökologisch wie soziologisch sinnvollen Verursacherprinzip unter strikter Anwendung des basisdemokratischen Rotationsverfahrens.

Dank an Festredner

Hochgeschätzter Herr Professor! Als Bürgermeister und amtierender Vorsitzender des Festausschusses obliegt es mir, Ihnen, hochverehrter Herr Professor, auch im Namen der noch Entschlafenen hier im festlich geschmückten Saale, ganz herzlich für Ihren hochinteressanten Vortrag zur 900-Jahrfeier unserer Gemeinde zu danken.

Es ist mir eine hohe Ehre, Ihnen bestätigen zu dürfen, daß Sie mit geradezu schlafwandlerischer Sicherheit dem guten Ruf, der Ihnen als einem der bedeutendsten Vertreter der Rhetorikerschule Heinrich Lübkes vorauseilt, auch hier und heute wieder voll gerecht geworden sind. Ja, unsere hohen Erwartungen konnten sogar noch übertroffen werden, indem sich bereits bei Ihren fast fehlerfrei abgestotterten Begrüßungsworten ein erstes dankbares Gähnen auf den Gesichtern Ihrer Zuhörer abzeichnete.

Gerade wir, die wir durch diese Feierstunde aus dem Streß des kommunalpolitischen Alltags und der Hektik des beruflichen Büroschlafs herausgerissen werden durften, vermögen voll zu ermessen und zu würdigen, welche intellektuelle Glanzleistung, welche gesundheitspolitische Großtat Sie auf dem Gebiet der Heilschlaftherapie soeben vollbracht haben und auch in Zukunft noch vollbringen werden.

Ihr Reden, so würde ich allgemein meinen wollen, ist Glückssache, und in Zeiten, in denen Schlaflosigkeit immer mehr zu der Volksgeißel Nr. 5 zu werden droht, bedarf es dringend solcher Männer wie Sie, die es meisterhaft verstehen, Ihr Auditorium im hergebrachten Sinne des Historikers als Langweiler mit ihrer erlahmenden Sprachkunst erschöpfend zu informieren.

Und es ist immer wieder ein Faszinosum und eine Freude, im Halbschlaf miterleben zu dürfen, wie es Persönlichkeiten Ihres Formats gelingt, innerhalb kürzester Zeit einen Festsaal in einen Schlafsaal zu verwandeln. Und ich darf Ihnen versichern, daß Wissenschaftler wie Sie, mit einer solchen akademischen Mehrfachbegabung zweifelsohne und jederzeit auch als Anästhesiespezialist auf medizinischem Gebiet segensreich tätig sein könnten, oder auf dem rundfunkpolitischen Sektor als Gutnachtliedonkel.

Ja, ich wage es zu behaupten, der Tag wird kommen, an dem die physikalische Maßeinheit, derer es bedarf, um einen geschlossenen, aber belüfteten Raum auf verbalem Wege vollständig einzuschläfern, dereinst Ihren Namen tragen wird. Bereits heute haben Sie es auf beachtliche 12 min 23 sec pro 100 Zuhörer gebracht.

Ein Rekord, der sich zweifellos noch unterbieten ließe, wenn Sie statt der hundertprozentigen Befolgung von Ferdinand Freiligraths Maxime »Ich kann den Blick nicht von Euch wenden, ich muß Euch anschaun immerdar, oh Ihr Worte des Manuskripts!«, sagen wir mal wenigstens alle halbe Stunde einen zehntelsekundenlangen Blick auf ihr seliges Publikum werfen könnten und so die chloroformierende Wirkung Ihrer Ausführungen als Stimulans hätten.

Bei allem berechtigten Lob für Sie, der Sie bereits seit Jahren Träger der Ehrenhaube der Bundesvereinigung europäischer Schlafwagenschaffner sind, möchten wir aber doch den Anteil, den die kongeniale musikalische Umrahmung an Ihrem Erfolg hat, nicht vergessen.

Es ist im Schwabenland eine gute bildungsbürgerliche Tradition, an solchen Gemeindejubiläen »ebbes Kammermusik und ebbes Bla-Bla« zu bieten, und das schönste Kompliment, das wir Ihnen machen können, ist die Tatsache, daß niemand im Saale das Ende Ihrer oratorischen Glanzleistung bemerkt hätte, wäre unser gemeindeeigener Nachtwächter nach durchschlafenem Tage nicht dienstlich verpflichtet worden, die Musiker und mich termingerecht zu wecken. Und dabei hätten wir Ihnen noch stundenlang zuhören können.

So nehmen Sie den naturgemäß etwas müden Beifall vereint mit den Schnarchtönen der verbliebenen Tiefschläfer als Zeichen unserer vollkommenen Zufriedenheit und morpheischen Glückseligkeit. Das Honorar für diese Sternstunden hat Ihnen die AOK ja bereits vorab überwiesen.

So darf ich Ihnen am Ende eines langen Tages Reise in die Nacht unser ehrliches Bedauern, daß wir zu unserer 1000-Jahrfeier einen anderen, etwas lebendigeren Festredner zu verpflichten gezwungen sein werden, sowie eine Flasche heimischen Baldrian mit einem Wort des großen Goethe aus dem »Kommunalen Handbuch für Festredner« mit auf Ihren Heimweg geben:

Über allen Zipfeln ist Ruh.
Warte nur, balde ruhest auch Du.

(1995)

Liste der Schlummerschwätzer

Bitte tragen Sie die Namen derjenigen Redner ein, die Ihnen bei der obigen Lektüre spontan eingefallen sind. Sollte der Platz erwartungsgemäß nicht ausreichen, so kleben Sie einfach die benötigte Anzahl leerer Blätter ein.

1. . . . .
2. . . . .
3. . . . .
4. . . . .
5. . . . .
6. . . . .
7. . . . .
8. . . . .
9. . . . .
10. . . . .
11. . . . .
12. . . . .

HUTZ

Zum guten Schluß noch als Bombole eine Jugendsünde aus dem Jahre 1966:

Hutz geht um

Die Sache mit Hutz begann damit, daß junge Leute seinen Namen in einer Degerlocher Schule an die Tafeln schrieben. In einem gewissen Alter findet man es gaudig, so eine Figur mit einem munter über die Zunge gehenden Namen zu erfinden und dann über die naiven Mitmenschen zu feixen, die dumm gucken, wenn man sie fragt, ob sie – wie im Degerlocher Fall – den Hutz nicht kennen.

Die ersten Opfer des Homunkulus Hutz waren jene Lehrer, die sich zu der Frage hinreißen ließen, was es denn mit diesem Namen auf sich habe. Der Schuljux ließ sich fein zu einer Verkürzung und Belebung der Schulstunden gebrauchen. Es wäre auch nicht viel gegen ihn einzuwenden gewesen, wenn er sein Dasein innerhalb der Schulmauern wieder ausgehaucht hätte. Statt dessen wuchs der große Unbekannte seinen Schöpfern so ans Herz, daß sie es sich nicht verkneifen konnten, auch wildfremde Leute mit ihm zu behelligen.

In der Zwischenzeit ist Hutz zu einer Art öffentlichem Ärgernis geworden . . . Von jetzt an ist Vorsicht geboten: Hutz kann die Polizei und Strafbefehle ins Haus bringen!

(Stuttgarter Zeitung)

Hutz ist tot

Stuttgarts Polizei darf aufatmen! Das Schreckgespenst jedes Wachtmeisters, der gefährliche Dämon Hutz, ist ausgerottet. Geboren in einer siebten Klasse des Wilhelmsgymnasiums, in Kürze verbreitet in ganz Degerloch, tauchte er auch bald in der Innenstadt auf und verbreitete Furcht und Schrecken unter den ahnungslosen Bürgern . . .

Aber in vorbildlicher Manier rückte die geschlossene Front unserer Ordnungshüter gegen die der demokratischen Grundordnung unseres Staates feindlich gesinnten Elemente vor und vertrieb Hutz unter Aufwendung eines Fleißes und Ernstes, wie ihn ein Großverbrecher wohl selten zu spüren bekam. Was Hutz jetzt treibt, ist ungewiß, dem Vernehmen nach soll er sich in die Schweiz ins Exil geflüchtet haben, wo er seine Memoiren schreiben will. Diese sollen im nächsten Jahr zusammen mit den Erinnerungen von F. J. Strauß unter dem Titel »Ich tat es für Deutschland« bei der Deutschen Verlags-Anstalt erscheinen, die dem Buch noch einige Kapitel aus den Adenauer-Memoiren anfügen will.

Eines ist sicher: Hutz ist nicht ganz tot!

(Stuttgarter Nachrichten)

Wie in der Presse bereits angekündigt, jedoch mit einer gewissen zeitlichen Verzögerung, hier Auszüge aus den von seinem Ghostwriter Phil K. Lauer aufgezeichneten HUTZ-Memoiren, erstmals erschienen 1966 in der Herbstausgabe der Schülerzeitschrift »Sinus« des Wilhelmsgymnasiums:

Die Schlacht am Heisenberge

Zwischen Rydberg und Heisenberg in den Ardennen liegt das Lilienthal, wo der Welsbach rauscht. Vom Plato des erstgenannten Bergius gleitet der Blick weit über das Watt, über Birkeland und Heyde hinüber zum Hohen Meitner und zur Schiefen Ebene, wo unterhalb der Virtanen des Ostwaldes in gesunder flüssiger Luft eine alte Linde wächst und seit Urzeyten der Hof des Mössbauern steht.

Unter der Linden, in der letzten noch unzerstörten Natur, hatten sich die Fiesicker, die Chomiker, Phlegmathematiker, Technokratten und andere zwielichtige Umweltverschmutzer aus aller Herren Länder und Zeiten versammelt, um HUTZ, den Rächer der enterbten und geschundenen Menschheit und Natur, zu bekriegen und zu besiegen.

Aus Babylon und Bologna, aus Landau und Wien, von den Langerhansschen Inseln, von den Ufern des Lorentzstroms, aus Oberhessen und Unterwalden und sogar aus Baeyern waren sie herbeigeeilt. Die deutschen Wissenschaftler aus den USA waren stark vertreten, und selbst den Moscowboys hatte man den Ausritt genehmigt.

Auch der weiße Riese Adam war gekommen und gleich ihm etliche andere denaturierte Rauf-, Sauf- und Humboldte. Ja nicht mal der Marggraf war sich zu nobel, um hoechstpersönlich zu erscheinen. Eric und Edi, Steven und Thom hatten zwar aus Altersgründen nur ihre Söhne gesandt, und auch Young Ruther hatte sein Vater alleine fordgeschickt. Der ptolle Mäus aus Hellas und Altmeister Archie Medes aber hatten trotz ihres klassischen Altertums viele Manometer zurückgelegt, um die letzte, die entscheidende Schlacht der Weltgeschichte zu schlagen, die allerletzte von viel zu vielen, die Schlacht am Heisenberge.

Schlachtvesper

Alle, alle waren sie gekommen und Koch Robert hatte dieser hergelaufenen Heerschar ein vorzügliches Mahl zwecks Zunahme der kinetischen Energie zubereitet, das von Analiese, der Marketenderin, gegen einen Unkostenbeitrag von fünf Fränklin serviert wurde. Es gab zur Auswahl Reis mit Marcaroni und Grießbrei mit eingedünsteten Bessemerbirnen, die Leibnizspeise vieler Fiesicker. Aber auch die gleichnamigen Ovalprodukte von Robert M. Ayer erfreuten sich eines regen Zuspruchs, zumal sie, mit Glaubersalz bestreut, besonders würzig mundeten.

Nur für Marggraf Otto hatte die Sache einen Hooken, da ihm sein Leibarzt Dr. Virchow eine strenge Viète verordnet hatte. Er löfflerte an einer fermidablen Suppe aus pasteurisiertem Haberschleim, bei der sich der Tyndalleffekt zeigte. Andere vesperten noch Nipkowsche Brotscheiben, die der Becker aus Thomasmehl gebacken hatte und die mit Camembert, Dalembert und Gargarine bestrichen, für die Schweizer aber mit Hollerithkäse und für die Briten mit Bacon belegt waren. Als alle satt waren, schoben sie den Teller beiseite.

Abend ward, bald kommt die Schlacht

Die Chomikercurie zog sich nun zur Beratung des Schlachtplans zurück, während die Phlegmathematiker sich vom langen Eratosthenes das Märchen vom kleinen Daimling erzählen ließen. Die Fiesikker hingegen baten den Kaiserlichen Hofkastrologen Tycho Brahe um das Horroskop. Da die Sterne nicht reden können, so folgerten sie scharfsinnig, werden sie nicht lügen. Brahe meinte nur: »Ehrlich kämpft am längsten.« Da waren sie noch seeliger und guter Hoffnung, denn Ehrlich hatte eine Anti-HUTZpille entwickelt.

Nun kam der Sänger Eugen und sang von Lenz und Liebig, danach trällerte der Cantor mit seiner englersgleichen Stimme Solvays Lied, und dann spielten die Brehmer Stadtmusikanten zackige Weisen. Den Albert plagte nun arg sein Zepperlein, denn als Gründungsmitglied der Glazialdemokritischen Partei und eifrigem Gegner der Bildungsnotstandsgesetze tat ihm diese Marschmusik gar nicht gut. Er zog sich zurück und erledigte noch seine Correnspondenz, während sich sein Kollege Pascal derweil für die Fehlingsche Lösung eines Kreuzworträtsels entschied.

Huxley von Poggendorf, ein alder Spinoza, dem diese Musik zusagte, zählte indessen unentwegenert die Geiger, Bläser und Torricellisten des Orchesters. Derweilen maß der alkoholerprobte Jacobi, ein Zeemann aus St. Pauli, der den Chomikern als Kamerlingh diente, mit einem Beckmannthermometer die Temperatur des zum Trunke anstehenden Mosel- und Darweins, ein köstlicher Hoffmannstropfen, dieser Vino secchi. Er ermittelte 20 Grad Celsius, das sind 16 Grad Réaumur.

Als dann der Wieland ein Faß Pilsner angestochen hatte, konnte auch Lord Rumford das Vorderteil seines Zunamens anpreisen. Major von Kleist reichte die Leidener Flasche herum, und allen, allen wurde es wohl und wöhler. Die unter Wissenschaftlern üblichen Becquerelen waren da schnell vergessen, und das nicht zuletzt auch dank der ausgezeichneten Erdbeerboole.

Im Scheine zahlloser Hefnerkerzen gaben sie lyrische, delirische und später noch andere Ergüsse von sich. Sagte da doch so ein Chomiker: »In Kelvino veritas.« Ein zweiter: »Siemens sana in corpore sano.« Und ein dritter, der das Kleine Latrinum nicht geschafft hatte: »Gut Ding will Wyhl haben.« Sogar die sonst so vernünftigen Naturphilosophen waren besophen, einer lullte: »Messing ist Blech – Lessing ist frech.«

Nachdem sie alle genug gebechert und geklont und mehrfach das Lied »Huygense rauschen durch die Nacht« in dieselbige gegrölt hatten, wankelten sie schließlich im Kohlrausch auf ihre Lagerstatt.

Schlachttag

Des andern Morgans früh, noch ehe im Osten der scheinbare Aufgang der Sonne stattgefunden hatte, krähte der Hahn auf dem Misthaufen des Mössbauern. Da standen die Naturfeldwaldwiesenschaftler heimlich und leise auf, um den Spätaufsteher HUTZ im Schlafe zu überraschen. Doch da roch der

Pawlowsche Hunt des Bauern den Kater von Lord Rumford und bellte so laut, daß selbst im HUTZ-lager die Wache wach wurde.

Der Kommandeur der AntiHUTZarmee, Generaloberth Hermann (Schmeichler nannte ihn Arminius), schnauzte den noch immer stockbesoffenen Lord an: »Mensch Meyer! Duhamel! Du bist ja boscheuert, gaylussaczementnochmal! Wegen Dir hat HUTZ was gemerckt, und nun müssen wir unsern Taktick ändern!« Dann wandte er sich an seine Truppe: »Teure Mannesmannen, ich kenne meine Oppenheimer! Ich habe mich entschlossen, auf den Weizsäckern am Heisenberg zu kämpfen, damit dieser vertammte HUTZ, der nicht in Ehren ficht, wenigstens in Ähren fällt. Hähähä!« Dann bildeten sie einen feierlichen Benzolring, und unter Waffengerussel und Vogelgezwitscher sangen sie gemeinsam die dritte Strophe des Euklandlides. So begann die

Hatz auf HUTZ

James fütterte seinem Joule, das ist ein Gaul, der die Weichteile vorne hat, noch etwas Haber. Mit einem PS und einer von der Weberei Lenard & Schönbein gehaeckelten Uniform aus Schießbaumwolle zog er stolz und kuhn zum Kampf hinaus. Bruno dagegen ritt auf seinem Wallach einher und hatte Braunsche Röhrenhosen an, in deren Taschen je ein Colt steckte, und auf dem kahlen Schädel trug er ein Keple wie ein kathodischer Mönch. Werner fuhr auf dem Maxwellschen Rad und Konrad auf einem neuartigen Fahraday, einem Drahtesel mit ayförmigen Rädern. Alessandro, Landsmann von Leonardo da Vinci, hatte sich hingegen nur mit einer Flasche Rousseau de Cologne, einer Art Salpetersäure, bewaffnet. Auch hatte er sich von seiner lieben Naphtalie nur mit einem flüchtigen Kopernikuß, einem Bussy, in der Wilsonkammer, wo sie zur Miethe wohnte, verabschiedet und ihr dabei nicht einmal in ihre hübschen Röntgenaugen geblickt. Sir Isaac kam mit einer Jollyschen Spitze und einem Steinbeil seines Weges daher, und Charles hatte sein planckes Schwert extra aus Platin-Iridium beim Loschmidt schmieden lassen. Gegen HUTZ war ihm nichts zu teuer, HUTZ war ihm schon lange ein Born im Auge. Doch auch die anderen Kämpfer waren mit Helm und Holtz, Hofmannschen und Kippschen Schießapparaten, Erlenmeyerkolben und Arcobusen ausgesprochen gut gewappnet. Und auch die etwas altmodischen Ritterrüstungen des Marggrafen Otto und seines getreuen Descartes waren ganz von Stahl und nicht von Pabbé.

Im HUTZlager

Jenseits des Thales standen seine Zelte. HUTZ hatte es abgelehnt, mit Feuerwaffen zu kämpfen. HUTZ sagte: »Wer den HUTZ nicht ehrt, ist kein Schuß Schwarzpulver wert.« Als etliche HUTZophile bei HUTZ freundlich anfragten, ob das sei Nernst sei, oder ob sie die Musketen nicht doch einpacken sollten, sagte HUTZ: »Ab nach Kossel!« Da wußten sie, daß alles in Butter war. »Butter statt Kanonen«, meinte einer und lechnerte still vor sich hin. Es herschelte halt HUTZ und Ordnung. Dann sagte HUTZ: »HUTZ expects every HUTZle to do his duty!« »All wright!« riefen alle.

HUTZ sah:

Plötzlich sah HUTZ aus der Verne die Armee seiner Gegner über die Wheatstonesche Brücke auf der Weierstraße zum Heisenberg ziehen. Ein Blick auf den mitscherlichen Hauffen und HUTZ sagte: »Allein gegen alle. Einer wird gewinnen.« HUTZ würde diesen Herren schon zeigen, wo der Bartholini den Most holt.

HUTZ kam:

Wie einst Davyd gegen Goliath und die Filister, so zog HUTZ nun gegen den Riesen Adam und die

Fiesicker und war bewaffnet mit drei guten Dingen: 1 Kaugummi, 1 Pfundt Erbsen und 50 g Niespulver.

Siegte HUTZ?

Heiße Schlacht am Heisenberge

Laue Winde hatten inzwischen die foukalte Morgenbrise abgelöst. Da blies Henry zum Angriff in sein Ammonshorn. Es erklang ein wunderschöner, reiner Amonton, dem aber sogleich ein grausliger Dalton folgte. HUTZ hatte nämlich mit Niespulver gepustet. HUTZ heiligt die Mittel. Der letzte Ton war aber so schauerlich gewesen, daß es den Wissenschaftlern durch Lamarck und Bein gegangen war. Bereits jetzt zeigte sich die Zerfahrenheit der Truppe, rächte es sich, daß seit der vermehrten Explosion von Kernkraftwerken eben keine wissenschaftliche Disziplin mehr vorhanden war.

James gab seinem Joule die Likopodiumsporen so stark, daß es ihn aus dem Sattel warf und er sich auch noch einen Knacks im Genick zuzog. Was aber nicht tödlich war, weyl seinesgleichen schon immer ohne Rückgrat leben konnte. Konrad aber hatte inzwischen so viele Angstschweisströme geschwitzt, daß durch die Transpirationswärme ein Henlein aus dem Fahraday schlüpfte. Dieses Hühnchen wollte HUTZ nun rupfen. Sir Isaac rutschte darob das Hertz in die Hosentasche. Da er aber dort ein Loch hatte, fiel es auf die Erde, wo es an einem Goldstein zerbrach. Diagnose Hertzsprung. »C'est la guericke . . .«, meinte Albert betrübt und wäre fast auf einer Groethe ausgeglitten, die in allen Specktralfarben schillerte. Er seufzte: »Ich volt es wäre Nacht oder der Franck käme!« Aber dieser dove Kerl war bei Analiese zurückgeblieben, bei der er die Fraunhoferschen Linien studierte.

Alessandro, das arme welsche Teufli mit seinem Mendelsack, war mittlerweile müde vom Marschieren, lief zu HUTZ hin und wollte ihm seine Flasche ins Gesicht spritzen, als ihn – penck, penck – eine für HUTZ bestimmte Kugel aus Brunos Colt traf. Da hatte HUTZ aber einen Mordsdiesel gehabt . . . Alessandro spuckte nun Gift und Galilei, und mit dem Fluche »Avogadro HUTZo mariotte bernoulli kekule aristoteles protagoras!« ging er über den Jordan und zeigte keine Brownsche Bewegung mehr. HUTZ unterdrückte angesichts solch stilloser Worte eine Träne auf dem rechten HUTZauge. Mit diesem blickte HUTZ nun so zornig hinüber zum feindlichen Heer, daß dessen größter Teil über Stokes und Stein sogleich dort hinrannte, wo die Pfeffersche Zelle wächst. Und wo sich Fuchs und Euler gute Nacht sagen.

Halbwertszeit

Nun war aber erst Halbwertszeit in der Schlacht am Heisenberge. Da spannte HUTZ seinen Kaugummi zwischen Zeigefingerle und Daumen und schoß mit seinen Erbsen auf die butterweichen Hirne seiner Gegner. Dank des transversalen Dopplereffekts dieser Gummischleuder hielt der Tod eine gaußige Erbsenernte. Was nützte nun diesen akademlichen und aragonten Brokdorftrotteln der Besitz ihres Doktorhuts, wo doch jetzt ein Dr. huc. viel vorteilhafter gewesen wäre? Jetzt pfeifferte der Windaus einer anderen Ecke, und die Stimmung der noch verbliebenen Kämpfer hatte inzwischen den absoluten Nullpunkt erreicht, jenen Punkt, nach dem die Wissenschaft bisher vergebens gestrebt hatte.

Ein letzter Triumph, doch HUTZ war am längeren Hebelarm. Denn die Feldstärke des feindlichen Heeres und Generaloberth Hermanns van der Waalssche Kräfte nahmen orstedig ab. Auch hatte er schon manche Boyle am Schädel. Bei seiner Ohmmacht war an sich jeder Widerstand sinnlos. Auch Ehrlich sah das ein, meinte noch »So ein Zeiß!« und schluckte vor lauter Kummer seine Pille selber und hatte ausgerungen.

Wehe, wehe, wenn ich auf das Ende sehe!

Urplötzlich drang da vom HUTZlager herüber der Schrei der NachHUTZ. »HUTZ«, so riefen sie, »mach weiter so und gib's ihnen auf ihr ungalvanisches Maul!« HUTZ blickte mit scheelem Blick zurück im Zorn, da verstummte jeder Newton. Als HUTZ sich wieder umdrehte, um dem verlorenen Hauffen per Eilbothen den freien Abzug zu gewähren, sah HUTZ nur noch die Stifel seiner Gegner den Heisenberg hinunterrennen und sich wie die Fleminge mit einem Abelschen Satz im Gleichstrom des Welsbaches ertränken. Von Molekel geschüttelt, knirschte HUTZ mit seinen strahlend weißen Zähnen. »So«, sagte HUTZ, »ist das Gorleben. Jedem Tierchen sein Lavoisierchen.«

Inzwischen waren die HUTZler herbeigesprungen, um den siegreich sinnenden HUTZ zu beglückwünschen. »Nehmt«, sagte HUTZ, »die Bohrmaschine, grabt Graeber.« Auch für die Gegner, die sich in der Hitze des Gefechts selbst gegenseitig kollegial niedergestochen hatten. Da konnte HUTZ nix für. Da wusch HUTZ seine Hände in Unschuld und Bleichsoda von Henkel.

Während HUTZ nun den gerechten Mittaschschlaf des gerechten Siegers schlief, HUTZ hatte ja am Morgen so früh aufstehen müssen, machten sich die HUTZköpfe freudig ans Werk und fischerten zunächst die Ertrunkenen, die an so einem Staudinger des Welsbachs angeschwemmt worden waren, aus dem Wasser. Sie legten all die aufgebunsenen Leiber zu den übrigen Schlachtopfern in die essigsaure Tonerde, und bald war aus dem ekeltrischen Feld ein eleisisches Feld, ein Kirchhoff geworden.

Als HUTZ nach etlichen Ampèrestunden von seinem Schläfli erwachte, griff HUTZ in die Hosentasche und pflanzte an dieser Stelle die HUTZerbse. Auch wurde zur Erinnerung an die chlorreiche Schlacht auf den Weizsäckern am Heisenberge ein Stein des Gedenkens aufgestellt, den der Steinmetz zuvor mit dem Wagnerschen Hammer zurechtgemeißelt hatte. Aber der Weizen wuchs auf dem biologisch blutgedüngten Sommerfeld so gut, daß die Ähren die Inschrift des Steines bald verdeckten:

SCIENTIA EST IMPOTENTIA.
HUTZ. 9.9.99.